Mein Kindergartenjahr

Ravensburger Buchverlag

Sabine Lohf, Sibylle Sailer

Mein Kindergartenjahr

Mit Illustrationen und Fotos

von Sabine Lohf

Frühling

Sommer

Herbst

Winter

Basteln
Gedicht
Lied
Rezept
Spiel

Vorwort

Dieses Buch ist für alle gedacht, die in den Kindergarten gehen: Für die Kinder, die dort spielen, lachen, basteln, Freundschaften schließen. Und die viel erfahren und lernen möchten über die schönen Dinge, die das Jahr für sie bereithält.

Und es ist für die Erwachsenen, die ihnen von Berufs wegen oder in der Elterngruppe helfen möchten, ihre Neugierde zu stillen. Die sich mit den Kindern freuen auf Feste, Feiern, den Wechsel der Jahreszeiten und die ihre eigene Kreativität, wie die der Kinder, möglichst jeden Tag nutzen wollen. Sie alle sind eingeladen zu einer Wanderung durch das Kindergartenjahr – mit Bastel- und Spielanregungen und kleinen Liedern, Rätseln und Versen im Gepäck.

Dabei ist viel Raum gelassen für die kindliche Phantasie beim Basteln und Spielen. Die Großen finden neben Neuem manch vertrautes und halbvergessenes Kinderlied und Verslein, das sich lohnt, den Kindern weitergegeben zu werden.

Dazu gehören auch die beliebten Klassiker in heutiger, phantasievoller Verpackung. Alles ist einfach und ohne große Vorbereitung umzusetzen – damit Spaß und Freude am Gelingen nicht zu kurz kommen.

Wir möchten niemanden in eine starre Jahresplanung einbinden: Mit diesem Buch gehört das Kindergartenjahr all denen, die Lust darauf haben, es spielerisch zu entdecken.

Der Schnee wird weich,
es taut der Teich,
lang wird der Tag.
Wann ist das ? Sag !

Es wird Frühling.
Die Luft ist weich.
Es weht ein kleiner Wind.
Er leckt die Schneereste von der Erde.
Die Schneeglöckchen nicken
den blauen Veilchen zu.
Die Knospen an den Zweigen der Bäume
und Sträucher werden dick und klebrig.
Bald platzen sie auf.
Dann sind die ersten zarten Blätter da.
Die Mäuse sind aus dem Winterschlaf erwacht.
Die Vögel zwitschern in den Ästen.
Wir holen die Roller aus dem Keller und
flitzen durch den Park.
Die Haare wehen.
Wir sind so schnell wie
der Frühlingswind.

Vier vor der Tür

Christa Wißkirchen

2. Da draußen steht der Sommer
mit seinem gelben Hut …
3. Da draußen steht der Herbst
mit seinem bunten Hut …
4. Da draußen steht der Winter
mit seinem weißen Hut …

Das Lied kann man als Kreisspiel spielen. Dazu wird ein großer Hut aus Zeitungspapier gefaltet und frühlingsgrün, sommergelb, bunt oder schneeweiß bemalt.

So wird gespielt Die Kinder bilden einen Kreis. Ein Kind mit Frühlingshut (Sommerhut etc.) läuft außen herum, klopft pantomimisch an und wird dann in den Kreis eingelassen.

Die Tulpe

Josef Guggenmos

Dunkel
War alles und Nacht.
In der Erde tief
Die Zwiebel schlief,
Die braune.

Was ist das für ein Gemunkel,
Was ist das für ein Geraune,
Dachte die Zwiebel,
Plötzlich erwacht.
Was singen die Vögel da droben
Und jauchzen und toben?

Von Neugier gepackt,
Hat die Zwiebel einen langen Hals gemacht
Und um sich geblickt
Mit einem hübschen Tulpengesicht.

Da hat ihr der Frühling entgegengelacht.

Tütentulpe

Du brauchst 1 Kaffeefiltertüte, Seidenpapier in Rot und Grün, 1 Holzstäbchen, Klebstoff, Wattekugel, Filzstifte.

So wird's gemacht Du steckst die Wattekugel auf das Holzstäbchen und malst der Kugel mit Filzstiften ein Gesicht auf.
Aus Seidenpapier schneidest du Blütenblätter aus und klebst sie rund um das Blumengesicht an dem Holzstäbchen fest.
Außerdem werden noch grüne Blätter an das Holzstäbchen geklebt.
Die fertige Blume steckst du so in die Filtertüte, daß das Holzstäbchen unten hinausguckt.
Zieh das Stäbchen rauf und runter und guck, was dann passiert!

Die kleine Gärtnerin

G. H. Dieffenbach / Lieblich / K. A. Kern

2. Frisches Wasser hol' ich euch,
wartet nur ein Weilchen,
wartet nur, ihr Röschen rot
und ihr blauen Veilchen.

3. Seht, hier habt ihr Wasser schon,
trinkt nun mit Behagen,
blüht und duftet noch recht lang,
wollt ihr Dank mir sagen.

Blumenherren und Blumendamen

James Krüss

Herr Rittersporn, Herr Rittersporn,
Was macht Frau Akelei?
Sie hat sich rosa aufgeschmückt
Zum Blütenfest im Mai.

Herr Enzian, Herr Enzian,
Was macht Frau Edelweiß?
Sie zog ein warmes Röckchen an
Zum Schutz vor Schnee und Eis.

Herr Fingerhut, Herr Fingerhut,
Was macht Frau Hyazinth?
Sie plaudert mit den Lilien,
Die Schwesternkinder sind.

Herr Thymian, Herr Thymian,
Was macht die Frau Salbei?
Sie lockt mit ihrem Blütenduft
Den Bienenschwarm herbei.

Und so wird die kleine Gärtnerin gemacht

Auf festes Papier, besser noch Karton, wird eine Figur, so wie hier abgebildet, gezeichnet. Der Arm zum Blumengießen wird extra aufgemalt. Die Teile werden ausgeschnitten und mit einer Briefklammer zusammengesteckt. Dann braucht man noch zwei Holzstäbchen. Das eine wird hinter der Figur befestigt, das andere hinter der Hand. Wenn man das Stöckchen hinter der Hand rauf- und runterbewegt, dann sieht es aus, als ob die kleine Gärtnerin Blumen gießt.

Zarte Pflänzchen voller Kraft

Mitten im Frühjahr, wenn draußen im Gemüsebeet noch gar nichts wächst, kannst du dir zwei wundersame Mini-Gemüsebeete im Zimmer anlegen. Im Weckglas und auf einer flachen Schüssel läßt du allerlei Samen und Kerne keimen. Das geht so schnell, daß du beim Wachsen zugucken kannst. Deine Beete brauchen nichts als ein helles, warmes Plätzchen am Fenster, und sie müssen immer schön feucht gehalten werden, bis nach etwa drei Tagen geerntet werden kann.

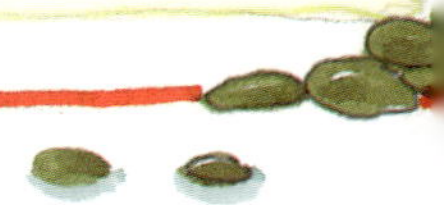

Die Samen für deine Mini-Beete kaufst du am besten im Reformhaus oder im Naturkostladen, denn sie dürfen nicht chemisch behandelt sein, wenn sie keimen sollen.
Vielleicht beginnst du deine Zucht mit einem Tütchen Kresse- oder Senfsamen und probierst eines der leckeren Rezepte aus! Und dann wagst du dich an eine Sprossenzucht im Glas mit exotischen Sojabohnen oder gelben Linsen.
Das Weckglas mußt du mit einer luftdurchlässigen Gaze zubinden. Jeden Tag bis zur Ernte mußt du die Kerne eine Viertelstunde wässern und danach das Wasser abgießen. Du wirst sehen, wie spannend das alles ist – und wie gut die Keime schmecken!

3. Täglich 15 Minuten wässern.

Was ist das?

Was ist das für ein Häuschen,
ist kleiner als ein Mäuschen,
darinnen wohnt ein Tier,
gleich zeigt's die Hörner dir.

Kleiner als die Maus,
trägt sie ihr eig'nes Haus.
(Die Schnecke)

Geduldspiel

Du brauchst dicke Pappe, am besten von einem Karton, Messer, Schere, Klebstoff, Stecknadeln, Bleistift, Murmeln und ein leeres Schneckenhaus.

So wird's gemacht Ein rechteckiges Stück Pappe zurechtschneiden, anmalen und mit dem Stift ein Labyrinth aufzeichnen.

Klebstoff auftragen!

Dann schmale Streifen aus Pappe zurechtschneiden. Mit Klebstoff und Stecknadeln auf dem vorgezeichneten Labyrinth befestigen.

Der Hase Franz

Dieser Hase heißt Franz Meier
Ostern malt er bunte . . .
Nachts, da schläft er tief und fest,
in einem warmen Kuschelnest.
Mit den ersten Snnenstrahlen,
fängt Franz Meier an zu malen.
Eier,  und ,
manchmal hilft ihm seine Frau.
Spät am Abend legt Franz Meier,
seine schönen bunten ,
in ein Nest aus grünem Gras ,
das macht vielen Kindern Spaß.
Und findest du ein buntes ,
war sicher eins vom Franz dabei.

Maler Franz

Du brauchst Modelliermasse, die an der Luft trocknet, Wasser, Farben, Pinsel, Eier, Streichhölzer, eine Schüssel mit Wasser.

So wird's gemacht In einer Schüssel die Knetmasse kneten! Dann mit der weichen Masse die Körperteile des Hasen formen und an der Luft trocknen lassen. Die Körperteile mit Klebstoff zusammenkleben! Zum Schluß den Hasen anmalen!

Das Osterhasenfingerspiel

Fünf Männlein sind in den Wald gegangen,
die wollten den Osterhasen fangen.
Der erste, der war so dick wie ein Faß,
der brummte immer: »Wo ist der Has?«
Der zweite sagte: »Da sitzt er ja!«
Der dritte, der lange, der wurde gar bange
und fing an zu weinen: »Ich sehe keinen!«
Der vierte, der sagte: »Das ist mir zu dumm,
ich kehr wieder um!«
Der Kleinste aber, wer hätt's gedacht,
der hat den Hasen nach Haus gebracht!

Eierköpfe

Du brauchst Eier, etwas Erde, Grassamen, leere Klorollen und etwas Geduld.

1. Die Eier vorsichtig aufschlagen und den Inhalt in eine Schüssel geben (später zu Rührei verbrauchen!), die Schalenhälften gut ausspülen und trocknen lassen.
2. Erde in die Schalen füllen, Grassamen hineinstreuen, mit einer dünnen Erdschicht bedecken. Die Eihälften in einen Eierbecher stecken und an einen sonnigen Platz stellen und gießen, bis …
3. … ein solcher Graskopf entstanden ist. Diesen Kopf steckst du dann auf eine bemalte Klorolle.

Hase oder Henne

Zu Ostern kommt der Osterhase und bringt die schönsten Ostereier. Ob er sie auch selber gelegt hat, wie manchmal behauptet wird? Da lachen ja die Hühner! Denn die Hennen sind es, die im Frühling, zur Osterzeit, fleißig Eier legen. Die holt sich der Osterhase, bemalt sie schön bunt und trägt sie in seiner Kiepe zu den Kindern.

Eia, eia, Ostern ist da!

Eins zwei drei vier fünf
sechs sieben acht neun,
geh ins Gäßchen rein,
im Gäßchen ist ein Haus,
am Haus ist ein Garten,
im Garten ist ein Baum,
auf'm Baum ist ein Nest,
im Nest ist ein Ei,
im Ei ist ein Dotter,
im Dotter ist ein Has', –
der springt dir auf die Nas'!

Achtung! Im April Blumensamen in Blumentöpfen aussäen!

Was ist das?

Sieht wie ein gelbes Bällchen aus
und wohnt in einem weißen Haus,
das hat nicht Tür, nicht Fensterlein.
Da drinnen muß es dunkel sein.
Und will das Piepsebällchen raus,
dann hackt es erst entzwei sein Haus.
(Küken im Ei)

Hühner auf der Stange

Du brauchst ausgepustete Eier, gelbe Pfeifenputzer, Filz in Rot, Orange und Gelb, Klebstoff, festes weißes Papier, ein paar weiße Federn, Filzstift und Schere.

Unter die ausgepusteten, gewaschenen und gut getrockneten Eier klebst du zuerst ein kreisrundes Stück Papier.

Dann biegst du die Pfeifenreiniger so zurecht, daß ein Fuß entsteht. Den zweiten Fuß machst du genauso.

Die Füße klebst du so unter die weiße Pappscheibe, daß sie vorne weit überstehen.

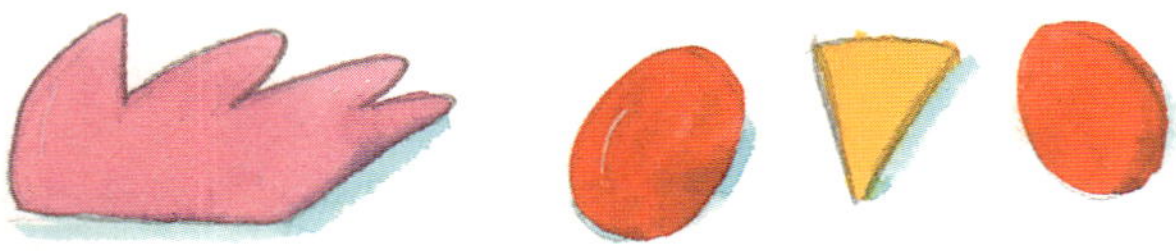

Aus Filz schneidest du Kamm und Schnabel zurecht und klebst die Teile an den Eiern fest.

Dann werden einige Federn festgeklebt und Augen aufgemalt.

Die fertigen Hühner klemmst du auf einem Zweig fest, indem du die Füße nach unten umknickst.

Die fünf Hühnerchen

Victor Blüthgen

Ich war mal in dem Dorfe,
Da gab es einen Sturm,
Da zankten sich fünf Hühnerchen
Um einen Regenwurm.

Und als kein Wurm mehr war zu sehen,
Da sagten alle: Piep!
Da hatten die fünf Hühnerchen
Einander wieder lieb.

Osternaschereien

Zu Ostern darf genascht werden. Und wenn du nicht soviel Süßes essen sollst, versuch es einmal mit selbstgemachten gesunden Naschereien!

Gelee-Eier

1/4 l ungesüßter Fruchtsaft
Saft von 1 Zitrone
2–3 EL heller, flüssiger Honig
2 Päckchen heller Tortenguß
6 ausgeblasene Hühnereier
6 Weinbeeren
Eierkarton

Fruchtsaft und Zitronensaft aufkochen.
Den Honig hineinlaufen lassen, gut umrühren.
Den Topf vom Feuer nehmen und
den Tortenguß in die Flüssigkeit einstreuen.
Den Topf wieder aufs Feuer setzen, die Masse
unter Rühren einmal aufkochen lassen.
Die gut ausgewaschenen, ausgetrockneten Eier
in einen Eierkarton setzen.
Das warme Gelee mit einem Trichter
in die obere, größere Öffnung der Eier füllen.
Die Eier sachte schütteln, damit das Gelee
sich setzt, und bis zum Rand füllen. Öffnung
mit einer Weinbeere verschließen.
Die Eier auskühlen lassen und dann für mindestens 4 Stunden sehr kalt stellen.
Anschließend mit Wachsmalstiften oder
Fingerfarbe (ungiftig) bemalen.

Osterwecken

30 g Hefe
1/4 l Milch (Zimmertemperatur)
50 g weiche Butter
1 Ei
1 EL flüssiger Honig
je eine Prise Zimt, Kardamom, Nelkenpulver und Salz
500 g Vollkornweizenmehl
100 g Rosinen (ungeschwefelt)
Zum Bestreichen: 1 Eigelb, 1 TL flüssiger Honig, 1 EL Wasser

Da, Bäck,
hast ein Weck
schieb ihn rein,
back ihn fein,
laß ihn nicht verbrennen,
daß wir'n essen können!

Die Hefe in der Milch auflösen. Die Butter mit dem Honig, dem Ei, den Gewürzen und dem Salz verrühren. Das Mehl abwechselnd mit der Hefemilch unterarbeiten (mit dem Mixer oder der Rührkelle), bis sich der Teig von der Schüssel löst. Mit einem sauberen Küchenhandtuch abdecken und den Teig gehen lassen, bis er auf das doppelte Volumen aufgegangen ist. Unterdessen ein Backblech einfetten. Dann wird der Teig durchgeknetet. Zuletzt die Rosinen vorsichtig unterarbeiten. Aus dem Teig wird dann eine Rolle geformt, die in etwa 15 gleich große Stücke geschnitten wird. Runde Brötchen daraus formen und auf das gefettete Blech legen. Eigelb, Honig und Wasser verrühren und die Brötchen damit bestreichen. Die Oberseite mit einem scharfen Messer kreuzweise einschneiden. Das Blech auf der mittleren Schiene in den kalten Backofen schieben und bei 220 Grad etwa 30 Minuten backen.

Eier-Zoo

Du brauchst hartgekochte Eier, festes Papier, Filzstifte und Klebstoff.

Für die Maus schneidest du aus Papier einen Dreiviertelkreis aus und klebst ihn zu einem spitzen Mäuse-Mund zusammen, so daß er noch auf das Ei paßt.

Für die Kuh malst du einen Kuhkopf und vier Beine auf festes Papier und klebst die Teile an ein Ei. Mit Filzstift schwarze Flecke aufmalen! Ohren ankleben! Der Schwanz ist aus Wolle!

Für die Katze auf Rädern werden vier Kreise ausgeschnitten und an dem Ei festgepiekt.
Der Kopf wird wie bei der Kuh zuerst gemalt, ausgeschnitten und dann aufgeklebt.

Osterspiele

Eierlaufen Jedes Kind legt ein hartgekochtes Ei auf einen Suppenlöffel und läuft mit den anderen Kindern auf ein Ziel zu. Wer es zuerst erreicht hat, ohne sein Ei zu verlieren, ist Sieger. Das Spiel wird spannender, wenn statt des Suppenlöffels ein Teelöffel genommen wird.

Eiabwerfen

Du brauchst 1 großen alten Herrenhut, 1 hartgekochtes Ei und 1 Spielmünze für jedes Kind.

Ein Kind legt sein Ei in die obere Vertiefung des Hutes und hält sie von innen her so weit zu, daß nur noch ein schmaler Spalt offenbleibt. Dort hinein muß nun ein zweites Kind mit seiner Münze zielen. Trifft es den Spalt, gehört ihm das Ei und die Münze dazu. Trifft es nicht, bekommt der Eibesitzer die Münze, und das nächste Kind ist dran.

Was ist das?

Mit u und a ist's Frau und Mann.

Ob die wohl einer raten kann?

(Huhn, Hahn)

Gick-Gack Die Kinder sitzen im Kreis. Wer das kleine Rätsel gelöst hat, darf als erstes in die Mitte und »Huhn« sein. Die anderen Kinder werden reihum abgezählt. Abwechselnd muß sich eines »Gick« und das nächste »Gack« merken. Nun fängt das Huhn an zu gickern und zu gackern. Bei jedem »Gick« oder »Gack« müssen die entsprechenden Kinder aufspringen und sich gleich wieder hinsetzen. Das Huhn ruft sein »Gick« und »Gack« immer schneller, und die Kinder müssen immer rascher werden. Wer sich irrt, scheidet aus, und wer zuletzt übrigbleibt, wird das nächste Huhn.

Eierkullern Jedes Kind bekommt drei hartgekochte Eier. Ähnlich wie beim Murmelspiel müssen sie in eine kleine Kuhle gerollt werden. Wer ein anderes Ei berührt, darf es nehmen und weiterspielen. Wer kein Ei trifft, muß warten, bis er wieder an der Reihe ist.

Hühniken und Hähniken

Bruno Horst Bull

Ein Hühniken, ein Hähniken,
Die wollten mal zum Ball.
Weils Hühnerhaus verschlossen war,
Drum blieben sie im Stall.

Sprach Hühniken zum Hähniken:
Das macht uns nichts, i wo!
Dann gehen wir zum Federball
Und setzen uns ins Stroh.

Ein dicker, alter Mausebock,
Der tanzte Ringelreihn.
Und Hühniken und Hähniken,
Die schliefen ruhig ein.

Huhn und Hase als Eierwärmer

Du brauchst braunen, roten und gelben Filz, Watte, Perlen für Augen und Nase, Schere und Klebstoff, Nadel und Faden.

Du legst zwei gleich große Filzstücke (etwa 10 x 15 cm groß) übereinander und klebst sie an drei Seiten zusammen. Dann stopfst du das obere Drittel mit Watte aus und nähst unter der Wattefüllung entlang.
Hier siehst du, welche Teile du für dein Huhn und dein Häschen noch brauchst.
Schneide sie aus Filz aus und klebe sie an!

Für das Huhn: Flügel zweimal ausschneiden!

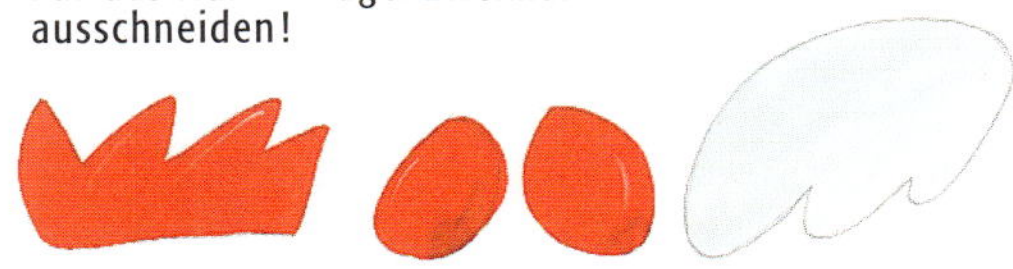

Für den Hasen: Zweimal ausschneiden!

Perlenaugen und Nase annähen!

Unten offen lassen!

Blumen zum Spielen und Necken

Gänseblümchen Das kleine Gänseblümchen hat noch einen anderen schönen Namen: Maßliebchen. Durch das Abzupfen seiner feinen Blütenblätter kann man nämlich herausfinden, ob ein Freund, an den man denkt, einen auch richtig liebhat: »Er liebt mich, von Herzen, mit Schmerzen, ein wenig, fast gar nicht, gar nicht …«, und so geht es von vorne los, bis zum letzten Blättchen. Dann hat das Orakel gesprochen. Wer's nicht glauben mag, sucht sich ein zweites Blümchen.

Falsche Seerose aus einem Blatt und einem Gänseblümchen!

Pusteblume Den Löwenzahn kennst du bestimmt. Im Frühjahr kannst du überall seine schönen, gelben Blüten sehen.
Aus der gelben Blüte wird später eine weiche, weiße Kugel mit lauter winzigen Fallschirmen. Sie heißt Pusteblume und leuchtet wie ein Licht von der Wiese.
Mit der Pusteblume kannst du deine Freunde necken. Halte sie ihnen hin und frage: »Willst du lieber Tag oder Nacht?« Wenn sie »Nacht« sagen, pustest du schnell, und das Lichtlein ist aus.

Butterblume Überall, wo es feucht ist, wächst die Sumpfdotterblume. Sie ist so gelb wie ein Eidotter oder wie schöne frische Butter. Deswegen wird sie auch Butterblume genannt. Such dir eine besonders große Blüte, halte sie einem anderen Kind ganz dicht unters Kinn und sag: »Ich will einmal wissen, ob du gern Butter ißt.« Wenn es dann einen goldgelben Fleck am Kinn gibt – dann weißt du es!

Blumenkränze So werden die Ketten und Kränze aus Löwenzahn, Gänseblumen und Buchenblättern zusammengesteckt:
Die Stengel werden dicht unter der Blüte mit dem Fingernagel etwas aufgeschlitzt. Das nächste Blümchen wird vorsichtig durch die Öffnung hindurchgezogen und so weiter …
Kränzchen fürs Haar aus Blättern entstehen so: Die Blätter übereinanderlegen und mit Kiefernnadeln wie mit Stecknadeln verbinden.

1. Blumen über Kreuz zusammenlegen.

2. Den einen Stengel um den anderen schlingen.

3. Die Stengel zusammenlegen und wieder bei 1. anfangen.

Man kann die Blumen auch einfach übereinander legen und mit langen Grashalmen umwickeln.
Der fertige Kranz wird mit Gräsern zusammengeknotet.

Du kannst auch noch einen Blätterkranz machen, indem du die Blätter mit kleinen Zweigen zusammensteckst.

Hier weitermachen!

So geht es auch!

Die Mauerkräutchen

Christa Wißkirchen

Wir Mauerkräutchen sitzen
gemütlich in den Ritzen,
halten uns fest mit Wurzeln,
daß wir nicht runterpurzeln.
Ein Gräschen,
ein Löwenzähnchen,
ein winzig kleiner Baum.
Wie sind wir hier hingekommen?

Der Wind
hat ein Samenkorn mitgenommen
und einfach hergeweht,
wie das so geht.
Wir wachsen nicht viel größer,
wir bleiben ziemlich klein.
Aber irgendwo muß ja auch ein Garten
für Zwerge sein.

Suse
Victor Blüthgen

Muhme Suse Brummel
Steht vor unsrer Tür –
Holt noch einen Brummbaß her,
Holt noch einen Zottelbär,
Holt noch eine Hummel,
Dann brummen sie alle vier.

Die Hummel brummt im Wind

Du brauchst 1 leere Küchenrolle, 1 große rosa Wattekugel, 6 kleine Wattekugeln, 1 Holzstab, 3 Perlen, 8 Zahnstocher, 3 Stecknadeln, 1 DIN-A3-Bogen festes Papier und Klebestreifen.

So wird die Hummel gebastelt Zuerst malst du die Küchenrolle schwarz und gelb an. Wenn sie getrocknet ist, bohrst du zwei Löcher, durch die der Holzstab geschoben wird.
Auf der Zeichnung kannst du sehen, wie es weitergeht.

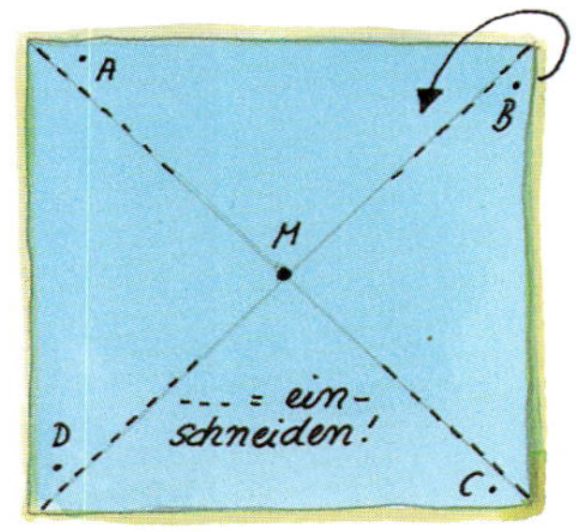

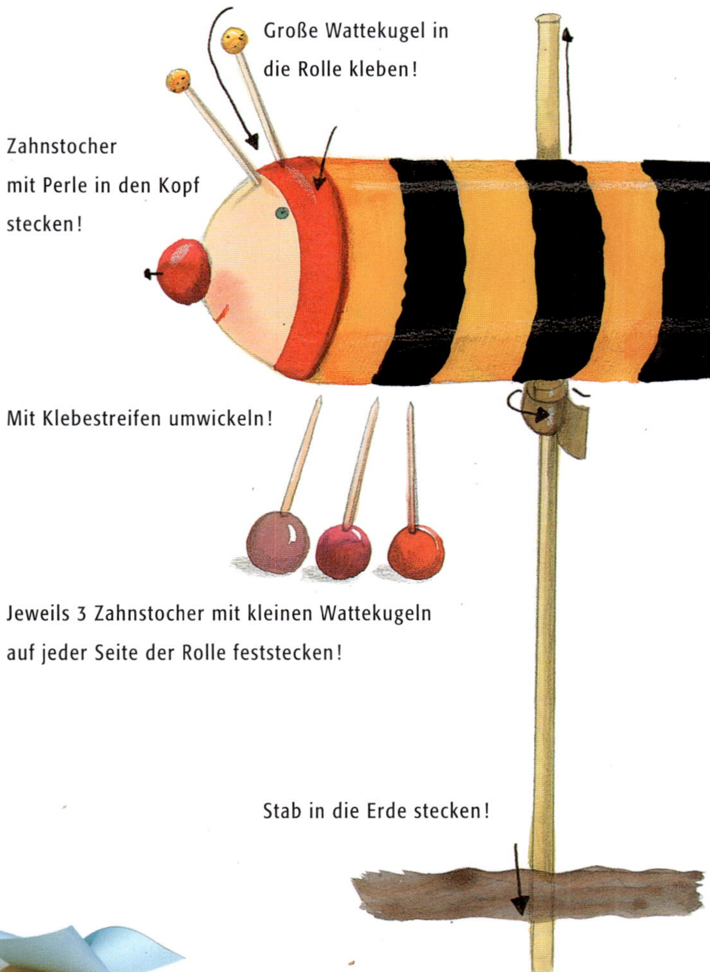

So faltest du ein Windrad Schneide aus dem Papier ein Quadrat. Falte es diagonal zweimal, und schneide alle vier Ecken so weit ein, wie du es auf der Zeichnung siehst. Die Punkte A, B, C und D biegst du in die Mitte und steckst eine Stecknadel hindurch. Unten wird eine Perle aufgespießt, dann steckst du die Nadel in einen Holzstab.

Muttertag

Claudia Toll

Mama, weißt du, was ich denke:
Wenn ich dir den Kuchen schenke,
muß doch klar sein,
daß er schmeckt,
und daß er voll Rosinen steckt!
Um das ganz genau zu wissen,
hab' ich schon mal reingebissen.
Mama, er schmeckt wunderbar!
Aber das war ja schon klar.

Gleichschwer-Kuchen

125 g Butter
125 g Zucker
125 g Mehl
2 große oder 3 kleine Eier
1 Tasse Rosinen
abgeriebene Schale von 1–2 Zitronen

Butter und Zucker schaumig rühren, die Eier eins nach dem anderen dazugeben und tüchtig weiterrühren. Zuletzt das Mehl, die gewaschenen, abgetropften Rosinen und die Zitronenschale langsam daruntermischen. Eine gut gefettete Napfkuchenform mit dem Teig füllen und bei 180 Grad etwa eine Dreiviertelstunde backen.

Ich lieb' dich so fest
wie der Baum seine Äst',
wie der Himmel seine Stern',
so hab' ich dich gern.

Alle meine Entchen

Schaukelenten

Du brauchst halbrunde leere Käseschachteln, weiße Plakatfarbe, weiße Federn, festen Karton, Schere, Papiermesser, Klebstoff, Pinsel, gelben Filzstift, Flaschenkorken, Kreppapier.

Auf Karton zeichnest du die Entenköpfe auf und schneidest sie aus. Die Entenköpfe und die Schachteln werden weiß bemalt. Wenn die Farbe getrocknet ist, klebst du die Köpfe und die Federn an. Zum Schluß kannst du noch Zwerge aus Flaschenkorken, die mit Kreppapier beklebt werden, auf den Entenrücken reiten lassen.

Eine kleine junge Ente
geht sehr gerne schnell.
Pitsche-patsche-ritsche-ratsche,
wenn sie könnte
durch die Matsche,
ist sie gleich zur Stell'.

Schwimmenten

Du brauchst festes Papier, Schere, Flaschenkorken, Messer, Klebstoff, Filzstifte.

Auf Papier werden die Enten aufgemalt, dann ausgeschnitten. In einen halbierten Flaschenkorken schneidest du oben einen Schlitz. In den Schlitz steckst du die Ente. Du kannst sie sofort schwimmen lassen.

Laufente

Du brauchst Karton, Farben zum Bemalen, Schere, Briefklammer.

Du malst einen Entenkörper auf Karton auf und schneidest ihn aus. Auf ein weiteres Stück Karton wird ein Kreis gezeichnet. Auf den Kreis malst du die Füße und schneidest ihn dann aus. Der Kreis wird hinter der Laufente mit einer Briefklammer befestigt.

So tanzen wir wie Bella Bimba

mündlich aus Italien

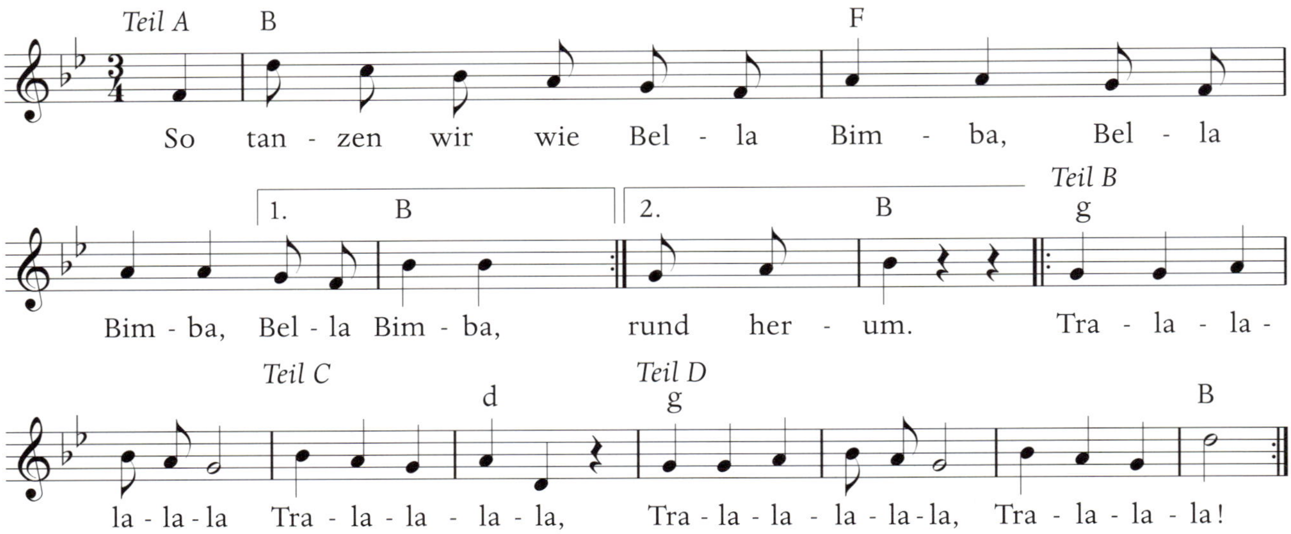

So wird getanzt Die Kinder stehen paarweise im Kreis und geben sich die Hände über Kreuz.

Teil A Alle gehen im Walzerschritt in Tanzrichtung. Bei der Wiederholung in Gegenrichtung.

Teil B Alle fassen sich zum großen Kreis und gehen mit sechs Schritten zur Mitte.

Teil C Mit drei Schritten aus der Mitte heraus rückwärts gehen und stampfen.

Teil D Paarweise einhenkeln und drehen. Wenn das zu schwer erscheint, tanzt jeder, wie er mag!

Tanzpüppchen

Du brauchst Stoffreste, Nadel und Faden, Schere, Knöpfe, etwas Wolle.

1. Aus hellem Stoff rollst du zwei Stoffwürste und bindest sie, so wie auf der Zeichnung zu sehen, zusammen.
2. Aus einem anderen Stoffstück wird ein Kleid zugeschnitten, das ziehst du der Stoffpuppe an.
3. Dann nähst du noch Wollhaare an, malst mit Filzstiften ein Gesicht auf und schmückst die Puppe mit Knöpfen oder Federn.
An einem langen Faden kannst du sie tanzen lassen.

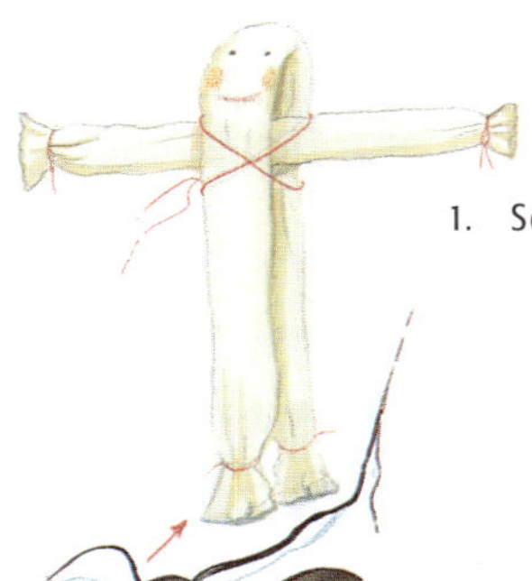

1. So zusammenbinden

2. Knöpfe als Schuhe annähen

3. Knopf annähen

Seifenblasen-Mix, selbstgemacht

Du brauchst 1 l warmes Wasser, 4 EL grüne Seife oder 1 Stück Kernseife, 4 EL Glyzerin (aus der Apotheke).

So wird's gemacht Die Seife eine Stunde in das warme Wasser legen, herausnehmen und das Glyzerin dazugeben. Ausprobieren, ob die Seifenblasen gelingen. Sonst muß der Mix entweder mit Wasser verdünnt oder mit Kernseife verdickt werden. Vielleicht noch etwas stehenlassen.

Ein Seifenring für Riesen-Seifenblasen: Aus kräftigem Blumendraht wird ein Ring mit Griff gebogen. Der Ring muß dann mit einem dicken Wollfaden dicht umwickelt werden, damit die Seifenlauge besser daran haftet. Und nun: eintauchen (am besten eine große Schüssel nehmen) und pusten!

Die Sonne glüht,
die Linde blüht,
das Korn wird voll.
Wann ist das wohl?

Der Sommer ist da. Heiß und fröhlich
scheint die Sonne.
Weiße Wattewolken segeln am blauen Himmel.
Bunte Blumen blühen
auf den Wiesen und im Park.
Die Schmetterlinge sitzen auf den Blüten.
Die Käfer brummen drüber hin.
Eine Entenmutter führt ihre Jungen aus.
Der Frosch sonnt sich auf einem Seerosen-
blatt.
Wir packen unsere Badesachen ein
und fahren an den See.
Jeden Tag gibt es ein Eis.
Bald werden die Kirschen reif sein
und auch die Blaubeeren.
Die Abende sind lang und warm.
Wir spielen draußen, bis es dunkel ist.

Heckenrosenpüppchen

Heckenrosenblüten sehen aus wie feine Seidenkleider. Mit etwas Geschick kannst du daraus kleine Püppchen basteln.

Du brauchst Heckenrosenblüten mit etwas längeren Stielen, Nähgarn, Schere, Zahnstocher.

So wird's gemacht Zuerst steckst du von unten in die Blüte einen Zahnstocher, damit du die Püppchen später auch aufstellen kannst. Jeweils zwei Blätter umwickelst du mit Fäden als Arme.
Oben an den Stiel bindest du Blütenblätter als Hüte. Du kannst allerdings auch Löwenzahnblüten oder Gänseblümchen dazu nehmen.

Mit den Püppchen kannst du auch spielen. Vielleicht, daß sie Prinzessinnen sind, die aus einem fernen Land kommen.

Käferlied

Prof. E. Humperdinck

Käfer flieg ...

Käferrennen Für das Käferrennen brauchst du ein langes, festes Stück Karton oder ein Brett. Darauf malst du drei oder vier Spuren, auf denen die Steinkäfer später herunterrutschen können.

Du stellst das Brett schräg auf, und beim Startzeichen läßt jeder Mitspieler seinen Käfer das Brett hinuntersausen. Welcher Käfer hat gewonnen? Der wird Käferkönig!

Steinkäfersammlung

Du brauchst verschiedene flache Steine, Farben zum Bemalen, Filzstifte, für die Flügel etwas Folie, Klebstoff.

So wird's gemacht Zuerst wäschst du die Steine schön sauber und läßt sie trocknen. Dann bemalst du sie, wie es dir gefällt, und läßt sie wieder trocknen. Mit Filzstift wird ein Gesicht aufgemalt, und du kannst Flügel aus Folie ankleben.

Erst kommt der Sonnenkäferpapa

Erst kommt der Sonnenkäferpapa;
dann kommt die Sonnenkäfermama!
Und hinterdrein, ganz klitzeklein,
die Sonnenkäferkinderlein.

So wird gespielt Die Finger der rechten Hand gehen auf dem Tisch »spazieren« oder krabbeln am Arm eines Kindes hinauf.
Daumen und Zeigefinger der rechten Hand sind »Sonnenkäferpapa« und »Sonnenkäfermama«.
Die Finger der linken Hand sind die »Sonnenkäferkinderlein«.

Dschungelfest

Bei einem Dschungelfest kannst du Masken aus Papier und Gräsern basteln und dich im Dschungel verstecken. Aufpassen, daß dich der Tiger nicht fängt.

Papageien-Jagd Dabei bekommt ein Kind eine Wollmütze auf, in die lauter Federn gesteckt werden. Die anderen Kinder versuchen nun, dem Papagei so viele Federn wie möglich zu entreißen. Wer zum Schluß die meisten Federn hat, darf das nächste Mal Papagei sein.

Schlangenhüpfen Auf ein großes Stück Packpapier (oder mit Kreide auf Steine) wird eine Schlange gemalt. Man muß auf der Schlange vom Kopf aus Feld um Feld zum Ziel hüpfen. Kommt man auf ein Buchstabenfeld, muß man ein Tier mit dem jeweiligen Anfangsbuchstaben nennen. Wer kommt ohne Fehler zum Ziel?

Löwen füttern

Du brauchst 1 leeren Schuhkarton, Packpapier, Plakafarben, Schere, Klebstoff und zum Spielen viele Murmeln.

So wird's gemacht Du schneidest ein Tor in den Karton und malst ihn gelb an. Dann reißt du das Packpapier in Streifen und klebst sie rund um das Löwengesicht.
Aus dem Papperest kannst du die Pfoten ausschneiden. Male sie an und klebe sie neben das Maul. Nun kannst du dem Löwen ein Gesicht aufmalen.

Wenn alles trocken ist, geht das Spiel los: Jeder Spieler bekommt zehn Murmeln. Von einem bestimmten Punkt aus mußt du versuchen, die Murmeln ins Maul des Löwen zu rollen. Wer schafft es zuerst?

Jetzt fahrn wir übern See

Volksgut

2. Und als wir drüber warn, drüber warn und als wir drüber warn.
Da sangen alle Vöglein, Vöglein, Vöglein, Vöglein,
da sangen alle Vöglein, der helle Tag brach an.

Das Lied kann man als musikalisches Pfänderspiel spielen:
Wer in die Pause hineinsingt, muß ein Pfand abgeben.

Und so werden die Pfänder eingelöst

1. Bockspringen über die anderen Kinder
2. einen Lufballon aufblasen, bis er platzt
3. in der Hocke mit einem Buch auf dem Kopf durchs Zimmer gehen
4. ganz schnell einen Zungenbrecher nachsprechen (zum Beispiel: Als Anna abends alles aß, aß Anna abends Ananas)
5. dreimal niesen, dreimal krähen, dreimal lachen.

Piratenfloß

Du brauchst ein großes Stück Baumrinde, Holzstäbchen, Stoffreste, Korken, Wattekügelchen, Schnur, Buntpapier, Klebstoff.

So wird's gemacht

Aus leeren Klorollen und Schachteln kannst du den Piraten auch noch eine Burg basteln. Die kannst du dann auf einer Insel aus Sand oder am Rand einer Pfütze aufstellen. Je nachdem, wo du mit deinen Piraten spielen möchtest.

Insulaner-Dorf

Möchtest du einmal Insulaner spielen? Dazu ist jetzt im Sommer die schönste Zeit. Fast alles, was du zum Basteln brauchst, findest du draußen im Freien. Such dir beim Spielen oder beim Spazierengehen eine schöne Stelle am Bach oder am Seeufer aus.

Du brauchst reichlich Pappe, Schere, Filzstifte, Klebstoff und Bindfäden.

Die Hütte entsteht so
Du rollst einen Pappstreifen auf, klebst ihn zusammen und schneidest eine Tür hinein. Aus einem kreisrunden Stück Pappe faltest du das Dach. Dann werden die Wände der Hütte mit Stöckchen und das Dach mit Blättern beklebt. Aus größeren Stöcken und kleinen Zweigen bastelst du die Pfahlhütte, eine Leiter und das Floß. Und dann fehlen nur noch die Insulaner! Die bastelst du aus dickeren Ästen, um die du Blätter als Kleider wickelst. Ihre Gesichter malst du mit Filzstiften an.

Eiszeit

Eskimo-Drink

1 Kugel Eis, wie du es magst
1 Tasse Milch
Schokoladenstreusel

Du zerdrückst das Eis mit einer Gabel in einer Schüssel, gießt die Milch dazu und mischst beides mit einem Schneebesen. Den Drink schüttest du in ein Glas um, bestreust ihn mit Schokoladenstreuseln und servierst ihn mit einem Strohhalm.

Gebackenes Alaska-Eis

100 g Löffelbisquits
1 Block Vanille-Eis
2–3 Eiweiß
ca. 50 g Zucker

Eine feuerfeste rechteckige Form mit den Löffelbisquits auslegen. Das Eiweiß ganz steif schlagen, dabei den Zucker einrieseln lassen.
Die Oberhitze des Backofens auf 250 Grad vorheizen.
Den Vanilleeisblock direkt aus dem Tiefkühlfach auf die Löffelbisquits legen, mit dem Eischnee zudecken. Nicht ganz glattstreichen, kleine Eisbergspitzen stehen lassen.
Sofort in den Ofen schieben (oberste Schiene) und 1–2 Minuten überbacken. Der Eischnee soll leicht gebräunt sein, und das Eis darunter darf noch nicht schmelzen.

Brombeereis

500 g Brombeeren
150 g heller Honig
2 Becher Sahne (à 200 g)
2 Eier

Brombeeren waschen, in eine Schüssel füllen, mit der Gabel gut zerdrücken. Den Honig unterrühren. Sahne steif schlagen. Die Eier schaumig schlagen und mit dem Beerenmus unter die Sahne mischen. In eine Tiefkühldose füllen, verschließen und im Gefrierfach oder der Tiefkühltruhe mehrere Stunden einfrieren lassen.

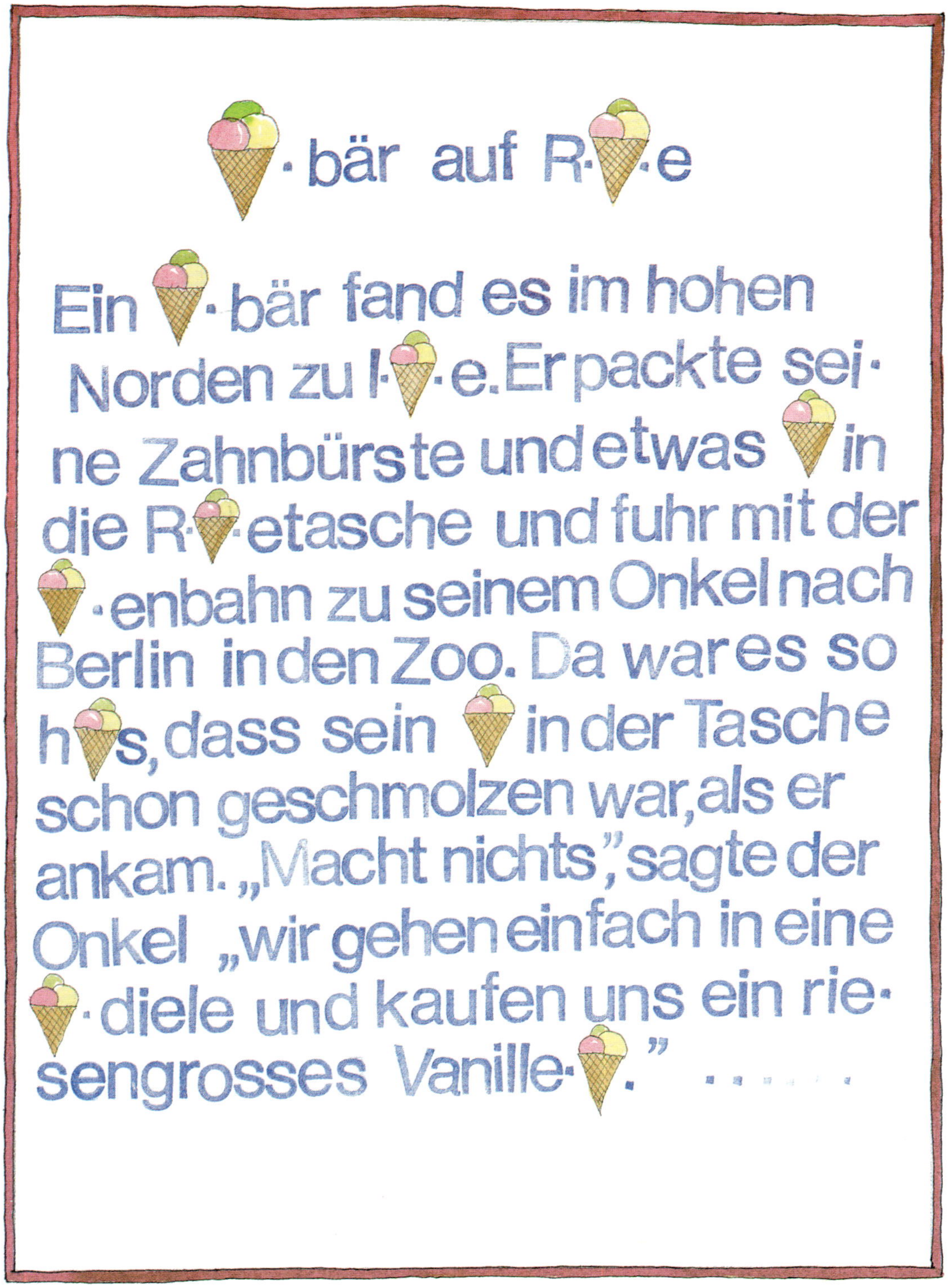

Eis

Christa Wißkirchen

Erdbeer, Schoko, Nuß, Zitrone,
ich brauch' unbedingt ein Eis,
denn bei dieser Affenhitze
wird die Zunge viel zu heiß.

Hoch am Himmel

Überliefert

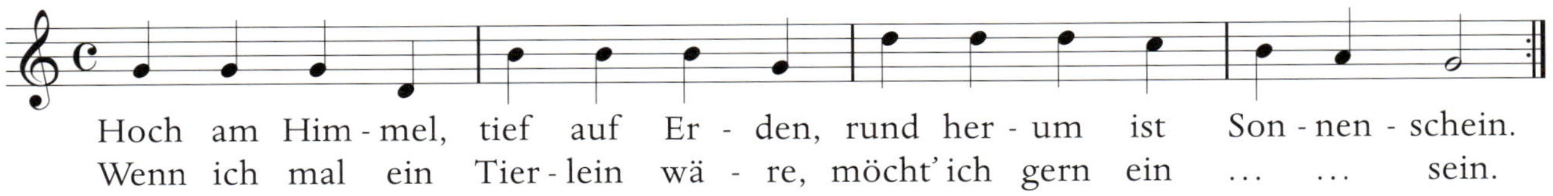

…… Hier den Tiernamen einsetzen.

So wird gespielt

Hoch am Himmel,	– Die Kinder stehen im Kreis und strecken sich mit erhobenen Armen auf die Zehenspitzen
tief auf Erden,	– Bücken …
rundherum ist Sonnenschein.	– Mit ausgebreiteten Armen einmal um die Achse drehen …
Wenn ich mal ein Tierlein wäre,	– Mit den Fingern auf sich selbst zeigen.
möcht' ich gern ein … sein. (Hund, Katze, Löwe …).	– Abwechselnd sucht sich jedes Kind ein Tier aus, das es vormacht, und das dann alle gemeinsam nachmachen (bellen, miauen, brüllen …).

Im Zoo

Zootiere

Du brauchst Flaschenkorken, Korkplatten, Klebstoff, Papier, Farben zum Bemalen, für den Vogel auch Schrauben.

Hast du alles beisammen?
Dann kannst du gleich anfangen!

Wo ist das?

Die Giraffe Emma Langbein
wohnt bei uns in einem Zoo;
früher lebte sie woanders.
Und nun sag mir bitte, wo?

(In Afrika)

Der Löwe im Zoo In einen Schuhkarton wird ein Löwe gemalt oder geklebt. Dann werden durch den Rand des Kartons Holzstäbchen gesteckt, so daß der Käfig entsteht.

Wer ist das?

Der König der Tiere werd' ich genannt,
ich wohne in einem fernen Land.
Dort sehen die Menschen braun aus,
nicht weiß,
die Sonne scheint dort furchtbar heiß.
Willst du mich hierzulande sehn,
mußt du in einen Tierpark gehn.
(Der Löwe)

Stoff-Löwe Dieser Löwe ist aus Filz auf ein Stück Jute geklebt. Er liegt auf einer Decke aus aufgeklebten Stoffresten. Die Käfigstäbe sind aus Bindfaden aufgenäht.

Zirkus-Löwe

Du brauchst Watte, Wolle, etwas Pappe, eine Schere, Klebstoff, Bindfaden, einen Karton und Farben zum Anmalen, vielleicht noch Buntpapier.

Das Löwengesicht wird aus Pappe ausgeschnitten und gelb angemalt. Du schneidest eine Kreisform wie auf der Zeichnung aus und klebst die Kanten übereinander. Als Mähne klebst du Wollfäden direkt auf das Pappgesicht. Der Kopf wird am Körper festgenäht oder einfach angeklebt.
Der Schwanz ist ein mit Wolle umwickelter Pfeifenreiniger.

Und so bastelst du den Käfig Mit einer dicken Nadel ziehst du einzelne Bindfäden vorn durch den Karton und verknotest sie oben und unten.
Die Rückseite vom Karton wird so eingeschnitten, daß du sie aufklappen kannst, denn der Löwe muß ja in den Käfig hinein- und herauskommen.
Jetzt bekommt der Zirkuswagen noch vier Räder und wird bunt angemalt.

Dompteur und Löwe

Du brauchst 1 Wattekugel, 1 Stück Stoff, Watte, Klebstoff, 1 Säckchen, 1 Schnur, 1 leere runde Käseschachtel, Farben zum Bemalen.

Aus der Wattekugel machst du den Dompteurkopf; du bemalst ihn, klebst Wollhaare an und bohrst unten ein Loch hinein, in das später dein Zeigefinger paßt.
Für den Löwen bemalst du die Käseschachtel gelb und klebst eine Mähne aus Wolle an. Unten in die Schachtel bohrst du ebenfalls ein Loch, in das dein Zeigefinger paßt.

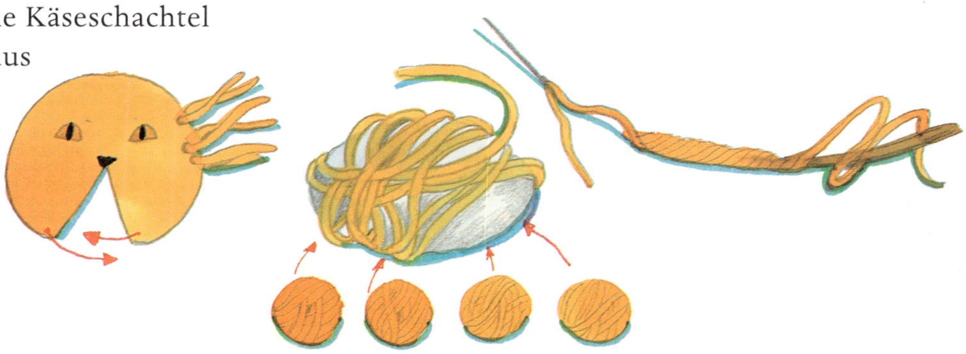

Im Sommer
Christa Wißkirchen

Der Wind bläst mir durchs Hemd.
Das ist egal,
das macht mir nichts.
Es ist ein warmer Sommerwind,
der bläst mir da durchs Hemd.

Es regnet auf mein Haar.
Das ist egal,
das macht mir nichts.
Es ist ein Sommer-Regenguß,
der regnet auf mein Haar.

Ich habe Sand im Schuh.
Das ist egal,
das macht mir nichts.
Der Sand fällt vorne in den Schuh
und hinten wieder raus.

Spiele im Sand

Sammel ein paar Steine und versuche, Buchstaben oder deinen Namen daraus zu legen.

Mit dünnen Ästen und Steinen kannst du Stein-Stock-Männchen in den Sand legen.

Bei den Korkindianern

Du brauchst Flaschenkorken, Klebstoff, Zahnstocher oder Streichhölzer, Filzstifte, etwas Schnur und Filz- oder Stoffreste.

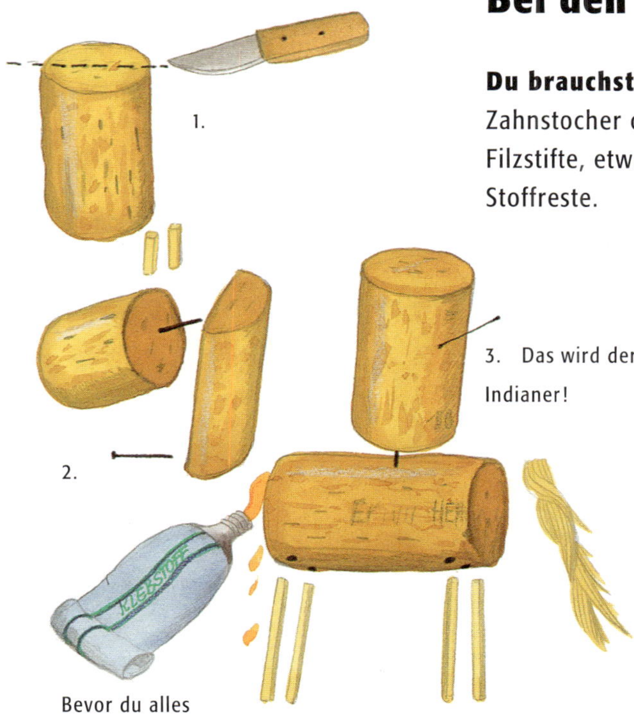

Bevor du alles mit Stecknadeln zusammensteckst, streichst du die Flächen mit Klebstoff ein.

1. Mit einer Laubsäge oder einem scharfen Messer (lieber dabei helfen lassen!) kannst du die Korken in kleinere Stücke zerteilen.
2. Für einen »Indianer zu Pferd« brauchst du die Teile, wie auf der Zeichnung zu sehen.
3. Der Indianer bekommt Kleider aus Filzstücken. Die Hosenbeine sind einfache Filzstreifen.

Fische fangen

Ich hab' gefischt,
ich hab' gefischt,
ich hab' die ganze Nacht gefischt
und habe keinen Fisch erwischt,
nur dich.

So wird gespielt Die Kinder sitzen im Kreis um einen Tisch. Alle Hände mit den Handrücken nach oben legen. Ein Kind ist »Fischer«. Es fährt mit seinem Boot (Hände gewölbt gegeneinanderlegen) im Kreis über den Fischen. Beim letzten Wort versucht es blitzschnell, einen Fisch (die Hand eines Kindes) zu erwischen. Wer zuletzt noch eine Hand auf dem Tisch hat, wird der nächste Fischer.

Angelspiel

Du brauchst 1 leere Obstkiste, Farben zum Bemalen, festen Karton, etwas Buntpapier, Klebstoff, Schere, Schlüsselringe (aus dem Baumarkt), 1 Stückchen Schnur, 1 Haken oder Büroklammer.

Du schneidest aus dem Karton die Fische aus und bemalst sie.
In den Mäulern befestigst du die Ringe. Dann bemalst du die Obstkiste und klebst etwas »Gras« aus Buntpapier an die Ränder. An dem Stöckchen befestigst du die Schnur und einen Haken oder die auseinandergebogene Büroklammer. Mit verbundenen Augen müssen die Mitspieler versuchen, in einer bestimmten Zeit Fische zu fangen.
Wer hat die meisten Fische?

Rote Kirschen eß' ich gern

Volksgut

…… Hier den Namen des Kindes einsetzen.

So wird gespielt Die Kinder gehen Hand in Hand im Kreis herum, ein Kind außen in entgegengesetzter Richtung. Bei »Hier wird Platz gemacht« bahnt es sich einen Weg durch den Kreis und schlägt zum Schluß ein Kind ab, welches nun mit ihm herumzieht.

Spatzensalat

Friedrich Hoffmann

Auf dem Kirschbaum
Schmiroschmatzki
saß ein Spatz mit seinem Schatzki,
spuckt die Kerne klipokleini
auf die Wäsche an der Leini.
Schrie die Bäurin Bulowatzki:
»Fort, ihr Tiroteufelsbratzki!«
Schrie der Bauer Wirowenski:
»Wo sind meine Kirschokenski?
Fladarupfki! Halsumdratski!
Hol der Kater alle Spatzki!«

Spatz

Du brauchst festen Karton, Papiermesser, Schere, Farben zum Bemalen, ein paar Federn, gelben Tonkarton, Briefklammern, Schnur, Holzstab, Klebstoff, Locher.

So wird's gemacht Auf Karton malst du die Umrisse des Vogels und die Flügel auf. Dann schneidest du sie aus, bemalst sie und setzt alle Teile mit den Briefklammern so zusammen, wie du es auf der Zeichnung siehst.
Zum Schluß klebst du den Holzstab von hinten an den Vogel und verknotest die Schnur, so wie abgebildet. Wenn du dann den Vogel an dem Stab festhältst und an der Schnur ziehst, flattert der Spatz.

Leckeres mit Kirschen

Kirschküchlein

4 Eier
50 g Butter
1 kg Kirschen
160 g Mehl
70 g Zucker

Aus Eiern, Butter, Mehl und Zucker einen Teig rühren. Kirschen waschen, entsteinen und mit dem Teig vermengen. Eine Schöpfkelle voll Teig in der Pfanne im heißen Fett knusprig backen.
Mit Puderzucker bestreuen und sofort servieren.
Dazu schmeckt prima eine große Kugel Vanille-Eis.

Kirschenmichel

250 g Vollkornzwieback oder altbackenes Brot
100 g flüssigen Honig
1/4 l Milch
100 ml süße Sahne
1 Msp ausgekratzte Vanilleschote
1 Msp Zimt
abgeriebene Schale von 1/2 Zitrone (unbehandelt)
1 1/2 Pfund schwarze Kirschen, entsteint gewogen
1 EL Semmelbrösel für die Auflaufform
2 EL Butter
3 Eier

Die Zwiebäcke (oder das Brot) zerbröseln.
Honig, Vanille, Zimt und Zitronenschale dazugeben.
Milch mit der Sahne aufkochen, über den Zwieback gießen.
Etwa 30 Minuten quellen lassen und dabei mit einem Kochlöffel öfter umrühren.
Unterdessen die Eier in Eigelb und Eiweiß trennen.
Eigelb unter die Zwiebackmasse rühren.
Die Kirschen sorgfältig darunterheben.
Eiweiß zu steifem Schnee schlagen und vorsichtig unter die Masse ziehen.
Mit der Hälfte der Butter eine feuerfeste Auflaufform einfetten und mit den Semmelbröseln ausstreuen.
Die Masse einfüllen, die restliche Butter in Flöckchen daraufsetzen und im vorgeheizten Backofen bei 175 Grad auf der mittleren Schiene etwa eine Stunde backen.
Köstlich: Ganz frisch aus dem Ofen mit einer kalten Vanillesoße essen!

Karl, der Kirschkernfresser

Du brauchst ein großes festes Stück Pappe, Plakafarbe rot und rosa, Pinsel, Bleistift, Schere, 1 Versandrolle, Messer, Klebeband.

Auf den Karton malst du die Umrisse von Karl und schneidest ihn dann aus.
In die Mitte, dort wo seine Schnauze sein soll, schneidest du ein Loch, so groß, daß das Stück Versandrolle hineinpaßt. Dann malst du das ganze Tier rosa an.
Wie Karl von hinten mit Pappstreifen und Klebeband abgestützt wird, siehst du auf der Zeichnung.

Wir gehen jetzt im Kreise

Überliefert

…… Hier den Namen des Kindes einsetzen.

So wird gespielt Alle Kinder singen. Das im Lied genannte Kind darf eine Bewegung vormachen, die von den anderen Kindern nachgeahmt wird. (Zum Beispiel: hüpfen, Purzelbaum schlagen, klatschen …)

Ferien

Christa Wißkirchen

Rucksack, Hut und Wanderschuhe,
Sonnencreme für das Gesicht,
pack den Koffer für die Reise
und vergiß den Teddy nicht!

Auf dem Bauernhof

Beide Teile festkleben!

Tiere für den Bauernhof

Du brauchst festen Karton (oder dünnes Sperrholz), Schere (oder Laubsäge), Papiermesser, Farben zum Bemalen, Holzwäscheklammern.

So wird's gemacht Auf Karton werden die Umrisse der Tiere gezeichnet. Sie werden ausgeschnitten, bemalt oder wie beim Schaf mit Watte beklebt.
Damit die Tiere gut stehen, bekommen sie je zwei Klammern angeklemmt.
Bitte einen Erwachsenen, dir die passende Scheune für deine Tiere zu basteln. Wie das geht, seht ihr auf der nächsten Seite.

Die Kuh erst weiß anmalen, dann die schwarzen Flecken aufmalen.

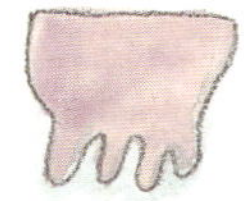

Euter aus Papier ausschneiden und festkleben!

Mach das Tor auf!

So wird's gemacht Die Scheune ist ungefähr einen Meter lang und 45 cm breit. Das Dach steht an allen Seiten etwa 5 cm über.
Man kann die Scheune – entsprechend den Spielwünschen der Kinder – auch größer oder kleiner bauen. Zunächst wird ein Schnitt angefertigt, oder man zeichnet die Maße direkt auf das Holz. Alle Teile werden ausgesägt und mit der Feile geglättet. Aus einer der Fronten wird vor dem Zusammenleimen sorgfältig ein Tor gesägt. Die Eingänge in den Seitenteilen können nach Belieben offenbleiben oder später auch mit Scharnieren wieder angeschraubt werden. Vor dem Zusammenleimen sollen alle Teile weiß grundiert werden, damit das eigentliche Bemalen später gleichmäßiger gelingt. Alle Kanten dick mit Holzleim bestreichen und fest zusammendrücken.

Wenn die Teile gut getrocknet sind, werden sie bemalt. Die beiden Scheunentüren werden mit den Scharnieren so befestigt, daß sie nach außen geöffnet werden können. Nun wird der Schubriegel angebracht – fertig!

Was ist das?

Was für ein Tier
frißt Heu und Klee
und gibt etwas,
so weiß wie Schnee?
(Die Kuh)

Welche Kuh gibt
keine Milch?
(Die Blindekuh)

Aus der Milchküche

Du brauchst für frische Butter
1/2 l süße Sahne
eventuell 1 Prise Salz

Süße Sahne im Mixbecher so lange auf Stufe 3 mit dem Quirl steifschlagen, bis sich erst Butterflöckchen und dann eine feste Buttermasse bildet.
Die zurückgebliebene Buttermilch abgießen und nach Wunsch das Salz unter die Butter kneten.

Du brauchst für Joghurt
1 l pasteurisierte Milch (keine H-Milch)
1 Becher frischen Joghurt aus dem Reformhaus oder Joghurtkulturen (Menge nach beigegebener Anleitung)
oder anderen, nicht hocherhitzten Joghurt

Milch bis knapp unter den Siedepunkt erhitzen, im Wasserbad abkühlen.
Die lauwarme Milch in eine feuerfeste Schüssel füllen und den Joghurt oder die Joghurtkulturen löffelweise dazugeben. Nicht umrühren.
Die Schüssel mit einem Tuch abdecken.
Den Backofen auf 40–45 Grad vorheizen, dann die Schüssel für zwei Stunden hineinstellen.
Den Backofen ausschalten und den Joghurt etwa zwei Stunden bei geschlossener Backofentür nachreifen lassen.
Falls der Joghurt dann noch nicht säuerlich genug ist, weitere 2 Stunden nachreifen lassen.

Fingerspiel mit Hahn und Kuh

Du brauchst kleine Schachteln, Messer, Schere, Plakafarben, Buntpapier, Klebstoff.

Unten in die Schachteln schneidest du ein Loch, so groß, daß dein Zeigefinger hineinpaßt.
Dann bemalst oder beklebst du die Schachteln: als Huhn, Kuh, Maus, je nachdem, was dir gefällt.
Dann ziehst du dir Handschuhe an und setzt dein Tier auf den Zeigefinger.
Nun kannst du ein tierisches Theater spielen.

Blindekuh Ein Kind verbindet der Blindekuh die Augen, dreht sie dreimal im Kreis herum und läuft dann weg. Die Blindekuh muß nun eines der Kinder fangen, die mitspielen. Hat sie eines erwischt, muß sie durch Tasten erraten, wer es ist. Errät sie es, ist dieses Kind die Blindekuh. Hat sie falsch geraten, muß sie weitermachen.

Klingel-Blindekuh Alle Kinder, die mitspielen möchten, bekommen die Augen verbunden.
Nur eines darf sehen und bekommt eine Klingel in die Hand.
Es stellt sich mitten im Raum auf und läutet ausdauernd, während die anderen versuchen, es zu fangen. Dabei darf es durch Ausweichen die anderen in die Irre führen. Wem es gelingt, die Klingel zu fassen, darf die Binde abnehmen und bekommt die Klingel.

Schiffchen falten

Christa Wißkirchen

Was falten, falten, falten wir?
Lauter Schiffchen aus Papier.
Kommt der Wind, bläst sie fort,
mit den ganzen Kindern drin
schwimmen sie wer weiß wohin.

Du kannst große, kleine, bunte Schiffe falten – alles, was du brauchst, ist Papier und etwas Geduld beim Falten.

So kannst du die Schiffchen falten

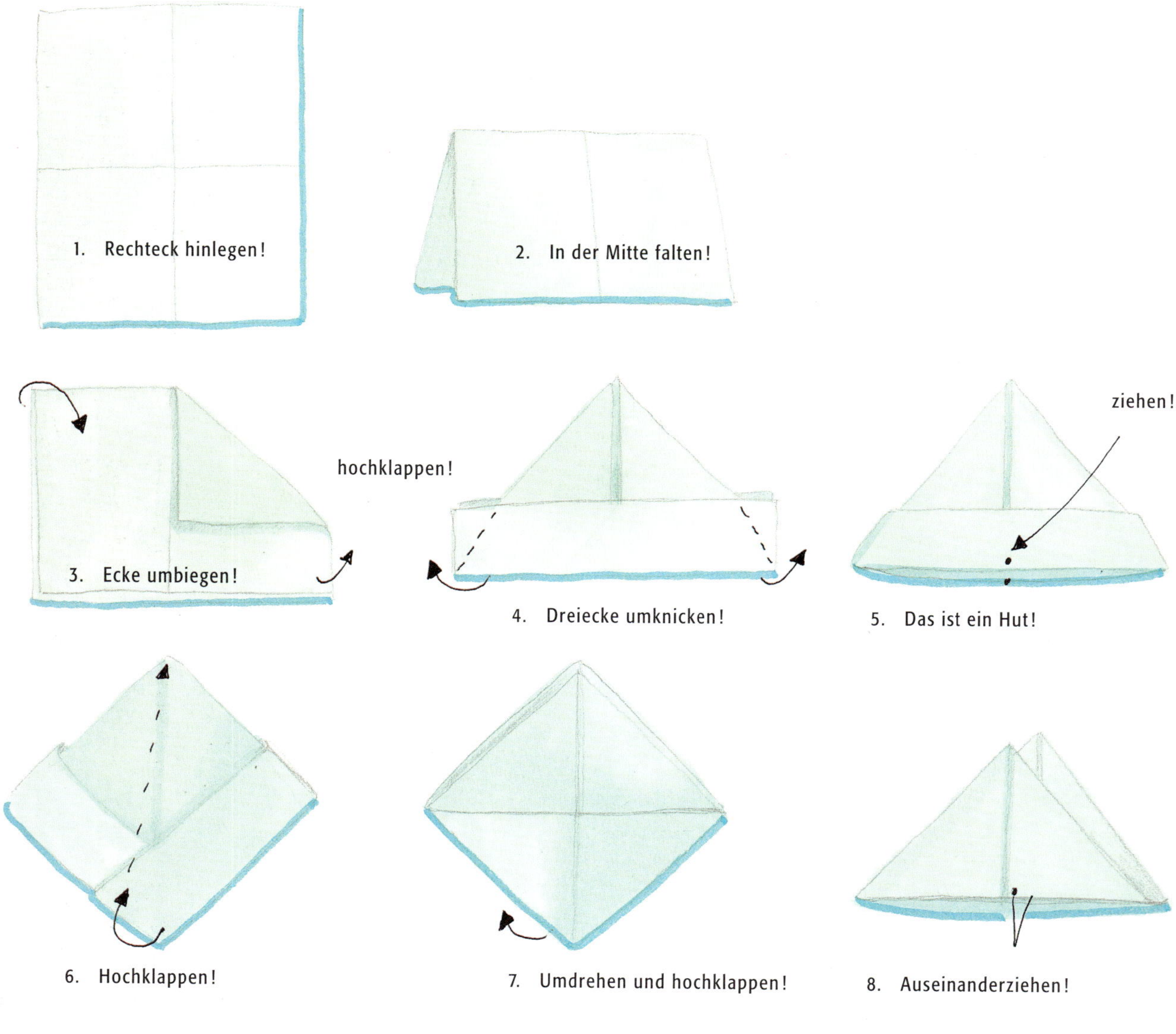

Überrascht
Krankenwohnung
stadt erhalten hat.
Der Sozialausschuß ha
auf Antrag von GABL
n, der Kurzzeitpflege
nmalige Beihilfe von

Leuchtturm und Piraten

Du brauchst 1 Kartondeckel, leere Streichholzschachteln, Korken, Zahnstocher, Buntpapier, Wattekugeln, Klebstoff, leere Küchenrolle, Frischhaltefolie, Farben zum Bemalen, etwas Knete, etwas Sand und Steine.

So wird's gemacht In die leeren Streichholzschachteln klebst du die Piraten. Zuerst den Korken, darauf die Wattekugel und dann noch einen Falthut (siehe Seite 72). Das Segel besteht aus einem Zahnstocher und einem weißen Stück Papier. Es steckt in einer Knetekugel in der Schachtel.
Dann malst du den Kartondeckel innen blau an.
Aus der Küchenrolle bastelst du den Leuchtturm.
Das schwarze Dach wird aus einem Halbkreis zusammengeklebt.
Du legst die Folie in den Deckel, stellst den Leuchtturm in den Sand und läßt die Piraten im Mondlicht oder bei Sonne über das Meer fahren.

Michael und Erika
fliegen nach Amerika,
über Wiesen, über Felder,
über Berge, über Wälder,
fliegen über unser Haus.
Eins, zwei drei,
und du mußt raus!

Leckeres mit Holunder

Hollerküchlein

15 voll aufgeblühte Holunderdolden
200 g Mehl
60 ml Milch
80 ml Wasser
1 Zitrone
2 Eier
1 Msp Salz
2 TL Zucker
Abgeriebenes von 1 Zitrone
Fett zum Ausbacken
Puderzucker

Die Holunderblüten unter fließendem kaltem Wasser waschen und auf Küchenkrepp sehr sorgfältig abtropfen lassen.
Das gesiebte Mehl mit der Milch, dem Wasser und dem Saft der Zitrone verrühren, dann mit dem Schneebesen die Eier, das Gewürz und den Zucker darunterschlagen.
Den Teig etwa 20 Minuten quellen lassen.
Die Holunderblüten in den Teig tauchen, kurz abtropfen lassen und in heißem Fett etwa 2 Minuten portionsweise ausbacken und mit Puderzucker bestäuben.

Holunderblütensirup

4 Dolden Holunderblüten
1 kg Zucker
1 l Wasser
Saft von 1 Zitrone

Holunderblüten gut waschen, mit 1/2 l Wasser bedecken und 2 Tage an der Sonne stehenlassen. Danach die Dolden entfernen, die Flüssigkeit mit dem restlichen Wasser, dem Zucker und dem Zitronensaft aufkochen. Abkühlen, in eine Flasche füllen, verkorken und im Kühlschrank aufbewahren.

Der Holunder heißt in manchen Gegenden auch Holler oder Fliederbaum.

Lustige Trinkhalme

Aus farbigem Papier kannst du lustige Figuren ausschneiden, z. B. Bären, Kokodile, Enten …, so wie du es auf der Zeichnung oben siehst. Du faltest die ausgeschnittenen Figuren und klebst sie an einem Trinkhalm fest. So kannst du auf Feiern auch die Gläser unterscheiden, wenn in jedem Glas eine andere Figur steckt.

Duften tut der Hollerstrauch,
duften tut die Rose auch.
Doch was duftet besser wie
meine Freundin Rosemarie?

Zeig mir, was ist innendrin?

Christa Wißkirchen

Grüner Igel fällt vom Baum,
piekst mich in den Finger.

Zeig mir, was ist innendrin?
Glatte, braune Dinger.

Einen Apfel pflück ich dir,
dick und rund und schwer.

Zeig mir, was ist innendrin?
Kerne – und noch mehr!

Katze, mach dein Mäulchen auf,
sag mal Aaa und gähne!

Zeig mir, was ist innendrin?
Lauter spitze Zähne.

Apfel-Kerle

Aus Fallobst kannst du mit Hilfe von Zweigen, Gräsern, Blättern, Federn und mit Zahnstochern solche verwegene Kerle basteln.
Alles, was du, vielleicht bei einer Herbstwanderung, bei dir haben mußt, sind Zahnstocher und einen Erwachsenen mit einem Taschenmesser.

In einem kleinen Apfel,
da sieht es niedlich aus;
es sind darin fünf Stübchen,
grad wie in einem Haus.

In jedem Stübchen wohnen
zwei Kernchen braun und klein;
die liegen drin und träumen
vom lieben Sonnenschein.

Sie träumen auch noch weiter
gar einen schönen Traum,
wie sie einst werden hängen
am lieben Weihnachtsbaum.

Im Kaufmannsladen

Grüß Gott, grüß Gott,
was wollen Sie?
Zucker und Kaffee!
Da haben Sie, da haben Sie,
Ade! Ade! Ade!
So warten Sie doch, so warten
Sie doch!
Sie kriegen noch was raus!
Behalten Sie's, behalten Sie's,
wir müssen jetzt nach Haus'!

So wird gespielt Die verschränkten Hände bilden die Verkaufstheke, die ausgestreckten Mittelfinger, die sich im Rhythmus des Reimes bewegen, sind Verkäufer und Kunden.

Sägemehl-Modelliermasse

Laß dir in der Schreinerei einen Beutel Sägemehl schenken. Daraus kann man eine gute Modelliermasse machen.

Du brauchst außerdem Tapetenkleister, Holzleim und eine große Plastikschüssel zum Anrühren.

So wird's gemacht Sägemehl in einer großen Plastikschüssel mit dick angerührtem Tapetenkleister zu einer zähflüssigen Masse vermischen. Noch etwas Holzleim dazugeben, damit die Masse nach dem Trocknen nicht auseinanderbröckelt. Für farbigen Sägemehlteig Farbpigmente portionsweise beigeben oder nach dem Trocknen die Formen mit Wasserfarbe bemalen.

Tante Ellis Marktstand

Du brauchst Knete, leere Streichholzschachteln, 1 leere Obstkiste, 4 Korken, 2 Wattekugeln, Kreppapier, Papier, Schere, Klebstoff, Farben, 1 Stück Jute, 1 Holzstäbchen.

Aus Knete formst du Bananen, Pflaumen, Äpfel und füllst sie in die Innenteile der Streichholzschachteln. Die Kartoffeln kommen in kleine Jutesäckchen, die oben zugebunden werden. Die Marktverkäufer werden jeweils aus 2 Korken und einem Wattekügelchen zusammengesetzt. Die Kleider sind aus Kreppapier, die Arme werden aus Papier ausgeschnitten und angeklebt. Für den Marktstand kannst du Teile aus einer Obstkiste benutzen. Hier wurde gleich die ganze schmale Seite einer Obstkiste genommen. Aus Packpapier kannst du kleine Obsttüten zurechtschneiden. Für den Sonnenschirm schneidest du aus Papier einen Dreiviertelkreis aus, klebst ihn zusammen und steckst ihn mit einem Holzstäbchen in Knete fest.

Kater Graufell

Kater Graufell kam gegangen,
wollt' ein kleines Mäuschen fangen.
Krumm schlich Graufell in den Garten,
im Gebüsch, da wollt' er warten.

Vieles gab es da zu sehen.
Kater blieb im Grase stehen.
Kurz vor Graufell macht es »Muh«.
Vor ihm stand die große Kuh.

Katerchen erhob die Tatzen.
Wollt' die Kuh er etwa kratzen?
Grüßen wollte er sie schnell,
die Kuh jedoch ging von der Stell'.

Graufell schlich in seine Kammer
ohne Mäuschen, welch ein Jammer!
Mußte sich was andres suchen,
fand zum Glück ein Stückchen Kuchen.

Kuschelt sich ins Kissen fein,
schnurrt behaglich und schlief ein.

So wird gespielt Einen Wollhandschuh auf die Hand setzen und aus Tonkarton einen Katzenkopf ausschneiden. Dort, wo die Katzennase ist, wird ein Loch hineingeschnitten, so groß, daß der Zeigefinger hindurchpaßt. Dann kann man den Kater anschleichen lassen.

1. Daumen und Mittelfinger der rechten Hand sind die Katzenpfötchen. Die Hand an der Tischkante entlangführen.

2. Die linke Hand als Kuh zur Faust ballen, vor den Kater führen und dabei muhen.

3. Die Pfoten des Katers vor der Kuh auf und abbewegen. Die Kuh abgehen lassen.

4. Den Kater langsam unter den Tisch ziehen, bis nur noch die Ohren zu sehen sind. Zuletzt den Kater auf die Schulter des Kindes setzen und ihm leis ins Ohr schnurren.

Lore

Kriegt die Katz beim Ohre,
Kriegt sie beim Schwanze,
Führt sie zum Tanze.

Wollkätzchen

Du brauchst graue, weiche Wolle, Watte, Nadel und Faden, etwas dunklen Filz für die Ohren, Perlen.

So wird's gemacht Du umwickelst jeweils ein größeres und ein kleineres Watteknäuel mit Wolle. Die Fadenenden vernähst du. Dann nähst du alle Teile so zusammen, wie es hier auf der Zeichnung zu sehen ist. Zum Schluß noch einen Schnurrbart und Perlenaugen annähen. Fertig!

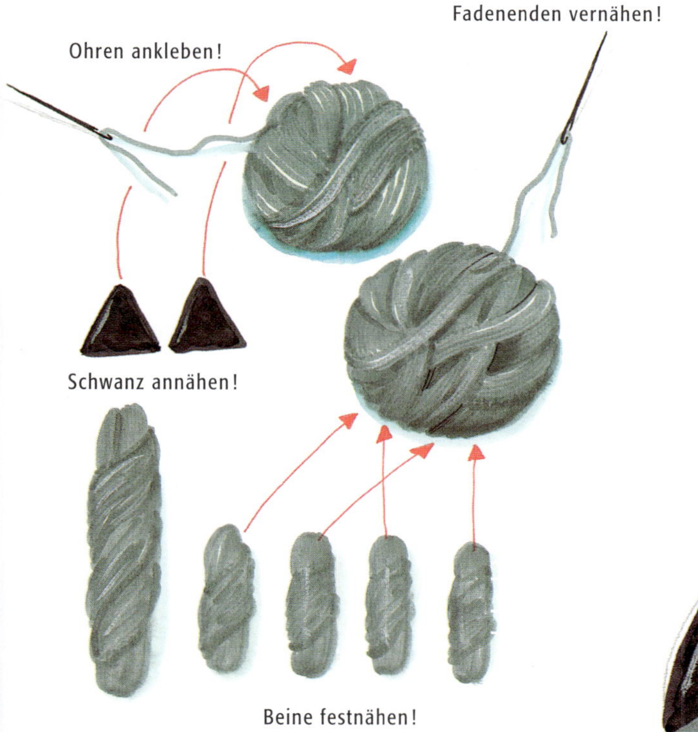

Frieda, die Filzmaus

Frieda ist klein, weich und sehr, sehr kuschelig! Du kannst sie ganz leicht aus Filz zusammennähen und mit Watte ausstopfen. Frieda ist übrigens ein tolles Geschenk für Freunde!

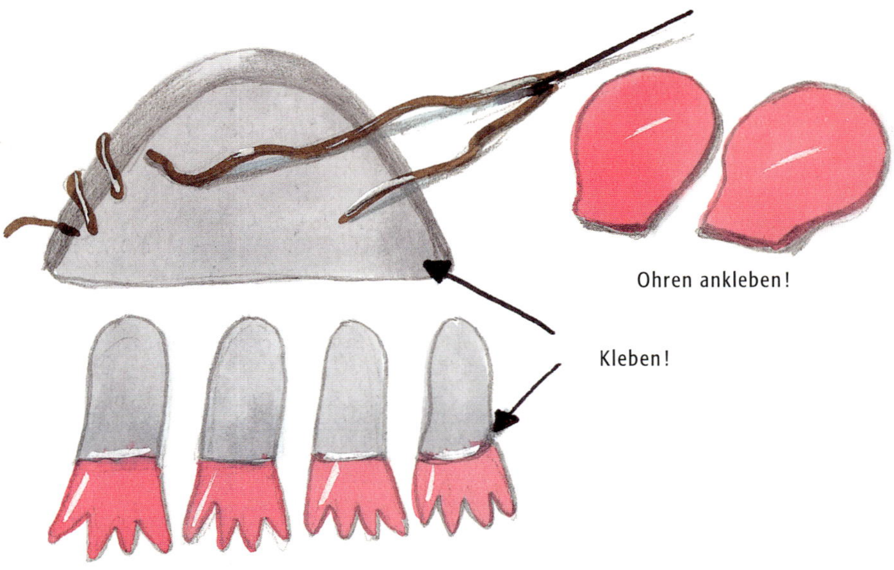

Abzählvers

Eine kleine Spitzmaus
lief in das Rathaus,
wollte sich was kaufen,
hat sich ganz verlaufen.
I – A – U – wie heißt du?
* *Anna*
Anna ist ein schöner Name.
Anna möcht ich heißen.
Anna hin und Anna her,
Anna ist ein Zottelbär!

* Hier den Namen des Kindes einsetzen.

Das Feld ist leer
und regenschwer,
die Erde naß.
Sag, wann ist das?

Der Herbst kommt.
Die Blätter werden bunt.
Der Wind fegt durch das Laub.
Die Kastanien kullern auf den Boden.
Im Wald riecht es nach feuchtem
Moos und Pilzen.
Die Vögel ziehen in den Süden.
Die Wiesen sind golden.
Dicke Wolken ziehen über
den Himmel.
Wir lassen unsere Drachen steigen.
Der Regen platscht auf die Straßen.
Wir bekommen neue Gummistiefel
und springen durch die Pfützen.

Auf dem vi, va, bunten Berge
wohnen vi, va, bunte Zwerge.
Und die vi, va, bunten Zwerge
haben vi, va, bunte Kinder.
Und die vi, va, bunten Kinder
aßen jeden Tag ein Ei:
Eins, zwei, drei,
und du bist frei!

Fingerpilze

Aus farbigem Knetmaterial kannst du solche Fingerpilze formen. Die fertigen Pilze können an der Luft oder im Backofen gehärtet werden (je nach Material), dann halten sie länger, und du kannst besser damit spielen. Vielleicht machst du auch noch andere Figuren, Zwerge, Tiere, oder was dir sonst gefällt.

Was ist das?

Trag tausend Nadeln her und hin,
obwohl ich doch kein Schneider bin!
(Der Igel)

Der Nagel-Igel

Du brauchst Holzreste aus der Tischlerei, Holzleim, Hammer und Nägel, 2 Glastieraugen (Bastelgeschäft), Bastfäden.

So wird's gemacht Zuerst suchst du Holzstücke aus, die gut zusammen passen. In das größte Holzstück, das der Körper wird, schlägst du mit dem Hammer viele Nägel ein. Dann leimst du Kopf und Beine an. Zum Schluß klebst du die Tieraugen an. Schnauze und Barthaare nicht vergessen.

Knete-Igel

Du brauchst Kiefernzapfen, Knete in Braun und Pink, Klebstoff, schwarze Holzperlen.

So wird's gemacht Aus brauner Knete formst du einen Igelkopf mit Ohren. Den Kopf klebst du mit Klebstoff an die Kiefernzapfen. Dann formst du noch Beine aus Knete und klebst sie ebenfalls an. Die Perlen drückst du als Augen in die Knete. Fertig!

Der Igelmarsch

Christa Wißkirchen

X X Hier klatschen.

Zwei kleine Igel gehn gemütlich durch den Garten …

Kastanien-Familie

Du brauchst Kiefernzapfen, Kastanien, Zahnstocher, Blumen, Knete, etwas Kreppapier, Federn, Bindfäden und viele Ideen.

Wie du die Figürchen zusammenbaust, siehst du rechts auf dem Bild.

Was ist das?

Hoch wie ein Haus,
klein wie eine Maus,
stachlig wie ein Igel,
glänzend wie ein Spiegel.
(Kastanie)

Kastanien-Igel mit Knete-Schnauze!

Die Blume mit dem Zahnstocher in die Kastanie stecken.

Die Hände bestehen aus Zahnstochern mit Knete!

Blumenhut

Hagebutten kannst du als Hut oder auch als Kopf verwenden!

Wenn du die Kastanien in den Schalen läßt, sehen sie aus wie Babys in ihren Wiegen!

Dieses Kind hat einen Hut aus Kreppapier!

Was ist das?

Stacheln hab' ich wie ein Igel.
Ei, sieht das nicht lustig aus?
Purzle ich vom Baum herunter,
springt ein braunes Männlein raus.
(Kastanie)

Laub und Hagebutten

Aus Laub, Hagebutten, Fäden und Zahnstochern kannst du diese Figuren basteln.

Hagebuttenkette

Hagebuttenmäuse

Herr und Frau Hagebutte mit Blätterkleidern

Hagebuttenkind in einer Nußwiege

Marionette mit einem Blätter-kleid

Hagebuttenhund

Blätter-Marionetten

Am besten eignen sich Kastanienblätter für diese Tanzmarionetten.

Du brauchst Blätter, Wollfäden, etwas Papier und Stifte und Klebstoff.

Wie du die Blätter zusammenbindest, kannst du auf der Zeichnung sehen. Dann kannst du auf Papier Gesichter und Hüte aufmalen und auf die Blätter aufkleben.

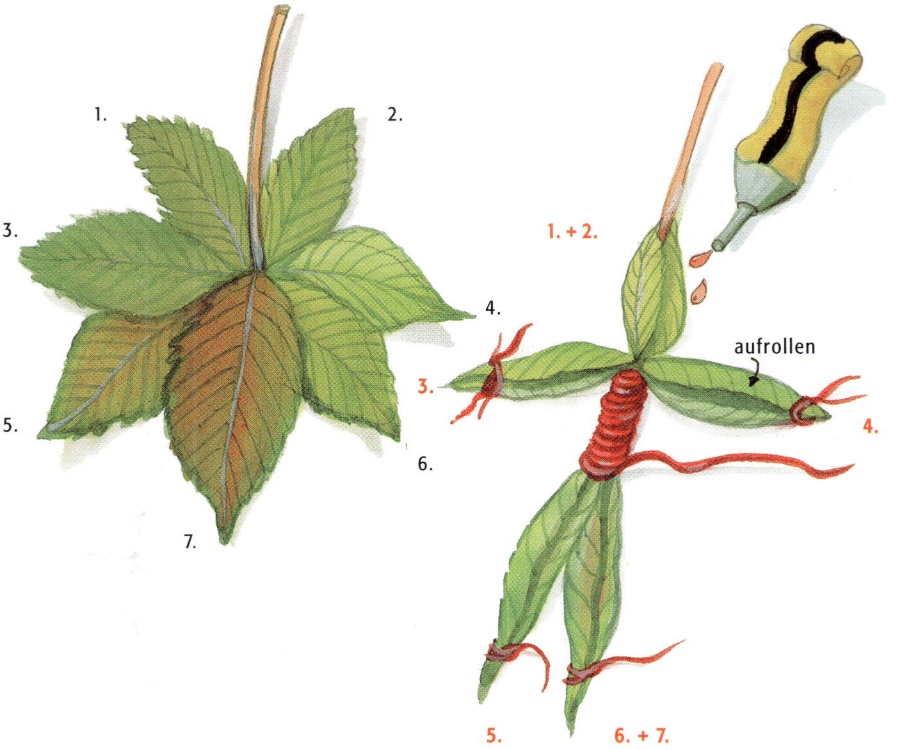

Was ist das?

Es sitzt auf einem Stöckchen,
hat ein rotes Röckchen,
und das Bäuchlein voll Stein',
was mag das wohl sein?
(Hagebutte)

Wer meine Äpfel nicht veracht',
im Winter damit Feuer macht.
(Kiefer)

Mich sammelt gerne groß und klein
und frißt vergnügt das wilde Schwein.
(Die Eichel)

Der arme Tropf
hat einen Hut und keinen Kopf
und hat dazu
nur einen Fuß und keine Schuh.
(Der Pilz)

Erst ist es grün, dann gelb und rot,
und fliegt es weg, dann ist es tot.
(Das Laub)

Viele runde braune
Häuschen,
die sind an meinem Strauch.
Was drinnen ist,
mein Mäuschen,
ißt du recht gern – ich auch!
(Haselnuß)

Ein Männlein steht im Walde

H. Hoffmann von Fallersleben

Windmühlen

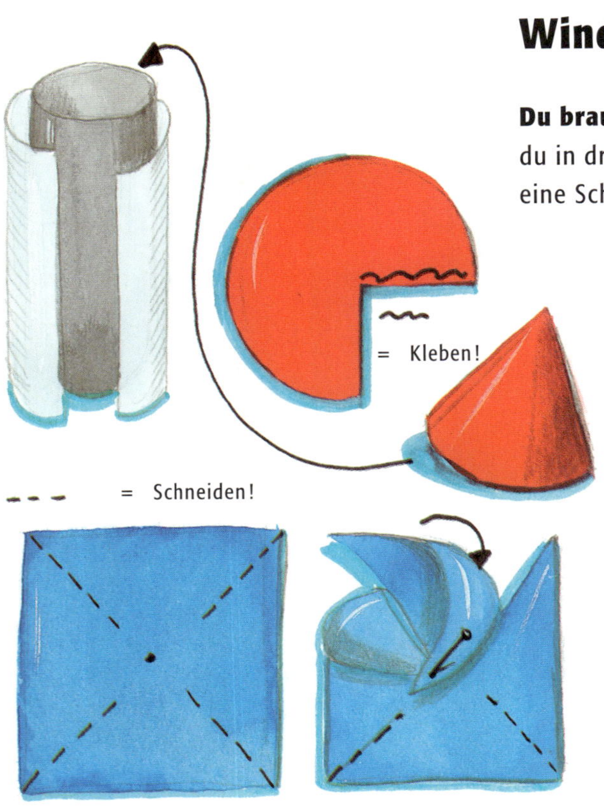

Du brauchst leere Küchenrollen oder eine Versandrolle, die du in drei Teile zerschneidest, weißes und farbiges Papier, Klebstoff, eine Schere, Stecknadeln und kleine Holzperlen.

So wird's gemacht Die Rollen werden mit weißem Papier beklebt.
Für die Dächer schneidest du Dreiviertelkreise aus und klebst die Kanten zusammen.
Die Dächer werden auf den Rollen festgeklebt.
Schneide Quadrate aus farbigen Papieren aus.
Falte die Papierspitzen so wie auf der Zeichnung zur Mitte hin.
Von hinten steckst du 2 kleine Holzperlen auf die Stecknadeln, dann steckst du das Windrad an der Rolle fest.

Meine Mühle, die braucht Wind

Gisela Trautwein

So wird gespielt Alle Kinder stellen sich auf Armeslänge entfernt im Kreis auf. Zur ersten Zeile des Liedes werden mit den Unterarmen Kreisbewegungen gemacht, erst langsam, dann immer schneller. Bei der Wiederholung werden die ganzen Arme geschwungen. Tempo steigern!

Kartoffeln

Aus Kartoffeln kannst du viele Dinge machen: Kartoffelbrei, Kartoffelstempel, Kartoffelkönige und Ungeheuer.

Du kannst verschiedene Formen ausschneiden!

Kartoffelstempel Du schneidest eine dicke Kartoffel in der Mitte durch. Dann malst du ein Muster, z. B. einen Kreis, ein Viereck oder einen Buchstaben auf die Kartoffel und schneidest mit einem Messer das Muster ringsum aus, so daß es als plastische Stelle stehenbleibt. Dann drückst du die Kartoffel in Farbe und stempelst los.

Kartoffelungeheuer In dunklen Räumen fangen Kartoffeln oftmals an zu keimen. Such dir ein schönes Ungeheuer mit langen Beinen aus und male ihm Augen auf. Du kannst schön mit dem Ungeheuer spielen.

Kartoffelwürstchen

1 Pfund Kartoffeln
125 g Vollkornmehl
2 Eier
1 Prise Salz
1/2 Bund Schnittlauch, gehackt
Sonnenblumenöl zum Ausbacken

Die Kartoffeln waschen, kochen, pellen und noch heiß durch ein Sieb drücken.
Die Hälfte des Mehls dazugeben, die Eier quirlen, mit dem Salz mischen und unter den Teig rühren. Anschließend das restliche Mehl und den gehackten Schnittlauch unterkneten und fingerdicke Würstchen aus dem Teig formen. Das Öl erhitzen und die Kartoffelwürstchen darin goldgelb ausbacken. Gut dazu: eine dicke Tomatensoße, Radieschensalat oder heißes Pflaumenkompott.

Komische Kartoffeln

Du brauchst Kartoffeln, Zahnstocher oder Streichhölzer, Stecknadeln, Holzspießchen, etwas Buntpapier, Filzstifte, Erdnüsse und Klebstoff.

Du kannst die Kartoffeln mit Hilfe von Erdnüssen und Zahnstochern in Kamele, Giraffen und andere lustige Tiere verwandeln. Du kannst die Kartoffeln auch mit Filzstiften bemalen oder mit Buntpapier verkleiden. So entsteht sogar ein Kartoffelkönig. Probier es einfach einmal aus.

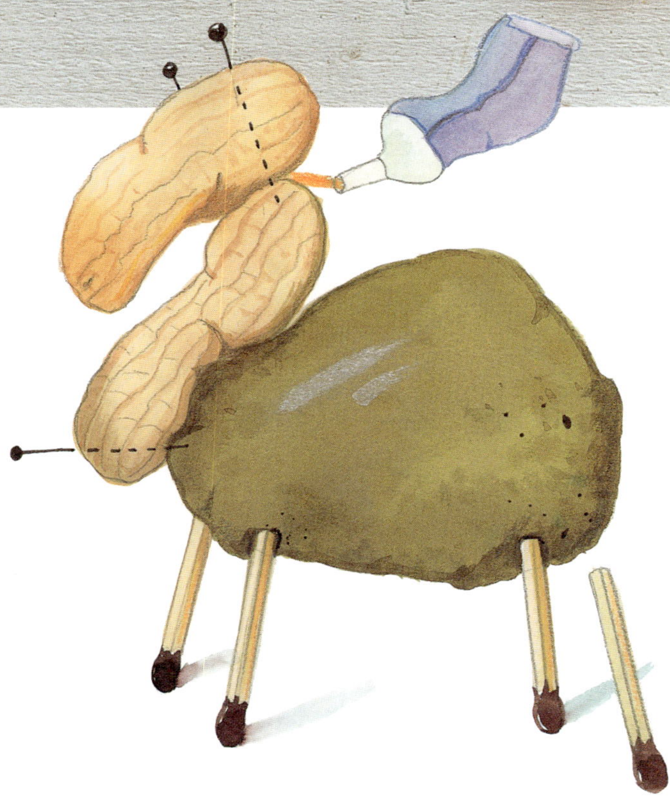

Wasserkreislauf

In der Natur verschwindet Wasser nicht einfach. In einem Kreislauf kommt das Wasser immer wieder zur Erde zurück. Es ist der große Wasserkreislauf in der Natur. Zu Hause kannst du dir einen eigenen kleinen Wasserkreislauf anlegen. Dazu brauchst du ein Glas, Holzkohle, Erde, eine Pflanze und destilliertes Wasser (das gibt es in Apotheken!).
Zuerst füllst du Holzkohle in das Glas, darüber die Erde. In die Erde steckst du eine Pflanze, die nicht so schnell wächst. Hier ist es Glücksklee. Dann feuchtest du die Erde mit destilliertem Wasser an (normales ist nicht sauber genug). Zum Schluß spannst du eine durchsichtige Folie über das Glas und stellst es an einen sonnigen Platz.
Nun kann der Wasserkreislauf beginnen: Die Pflanze saugt Wasser aus der Erde. Die Blätter atmen das Wasser aus. Es verdunstet. Die Luft wird feucht und gibt das Wasser an die Erde zurück. Wieder saugt die Pflanze das Wasser aus der Erde. Manchmal läuft etwas Wasser an der Glaswand herunter. Das ist dann fast wie Regen. Nur Wolken gibt es nicht im Glas.

Weißt du was?

Wenn's regnet, wird's naß,
wenn's schneit, wird's weiß,
du bist ein alter Naseweis.

Schau, schau, wie's regnet,
schau, schau, wie's gießt,
schau, schau, wie's Wasser
vom Dach runterschießt.

Es regnet, es regnet,
es regnet Tag und Nacht,
und wenn's genug geregnet hat,
die Sonne wieder lacht.

Wettermännchen

Du brauchst Tannenzapfen, Wattekügelchen, Filz, Klebstoff, Bindfäden, Filzstifte, Stecknadeln.

Die Wattekugeln werden mit Klebstoff und Stecknadeln an den Tannenzapfen festgesteckt. Dann klebst du aus Filz kleine Hütchen und malst ein Gesicht auf.
An diesen kleinen Männchen kannst du sehen, wie das Wetter wird.
Tannenzapfen öffnen sich nämlich bei trockenem Wetter und schließen sich bei feuchtem. Du kannst dir die Männchen basteln und an deinem Fenster aufhängen.

Kommt ein Männchen geflogen

Du brauchst 1 gelben Lampion, 1 Stück Versandrolle, 1 leere Klorolle, Filz, Wattekugel, 1 dicke Stopfnadel, Faden, Nagel, Schere, Farben und Klebstoff.

So wird's gemacht Mit dem Nagel werden vier Löcher in die große Rolle gebohrt. Dann malst du die Rolle bunt an.
Während die Farbe trocknet, kannst du das Männchen basteln. Beklebe die Klorolle mit Filz und klebe die Wattekugel als Kopf obendrauf. Die Arme werden aus Filz festgeklebt. Ein rechteckiges Stück Filz kannst du als Mütze um den Kopf kleben.
Klebe das fertige Männchen in die Versandrolle und ziehe durch jeweils zwei Löcher einen langen Faden. Mit dem Nagel bohrst du auch in den Lampion ein Loch. Ziehe die Fäden durch und verknote sie.

In der Dämmerung kannst du dein Männchen in einen Baum hängen und leuchten lassen. Oder du trägst es an einem Stock spazieren.

Laternenkinder

Du brauchst einfarbige Papierlaternen mit Stöckchen (aus dem Bastelgeschäft), farbige Papiere, Klebstoff, Klebestreifen, Wolle, Buntstifte, kurze Kerzen.

So wird's gemacht Du schneidest etwa 50 cm lange und 4 cm breite Papierstreifen zurecht und legst sie so übereinander, wie du es auf der Zeichnung siehst. Dann faltest du die Streifen abwechselnd übereinander. »Hexentreppen falten« wird das genannt.
Für jedes Männchen brauchst du zwei Hexentreppenarme und zwei Hexentreppenbeine.
Aus dem farbigen Papier schneidest du Gesichter aus und malst sie an. Wenn du magst, kleb ihnen Haare aus Wolle auf oder male welche.
Die Gesichter befestigst du mit dicken Klebestreifen am Metallbügel der Laterne.

Wenn du dann am Abend die Lichter in den Laternen anzündest, leuchten die Bäuche der Laternenkinder hell und bescheinen ihr Gesicht.

Was kommt da heimlich und leise?

Christa Wißkirchen

2. Was kommt da heimlich und leise?
Heimlich und leise kommt die Nacht.
Nacht, Nacht, schöne dunkle Nacht,
wenn alle schlafen, bringst du die Sterne,
ich hab' dich gern.

Der Mond geht auf...

Du brauchst 2 Bogen festes weißes Papier (etwa 40 x 60 cm groß), 2 Bögen ebenso großes gelbes Transparentpapier, einen Streifen Wellpappe, Schere, Klebstoff, etwas Draht und ein Laternenstöckchen.

Auf jedes Papier zeichnest du in gleicher Größe einen Halbmond und darum einen Rand mit mehreren gleichlangen Stegen. Diese Mond-Umrisse schneidest du aus. Beklebe die Halbmonde mit gelbem Transparentpapier. Die Stege knickst du nach innen und klebst sie aufeinander. Damit der Mond noch stabiler wird, klebst du auf die Stege einen Streifen Wellpappe.

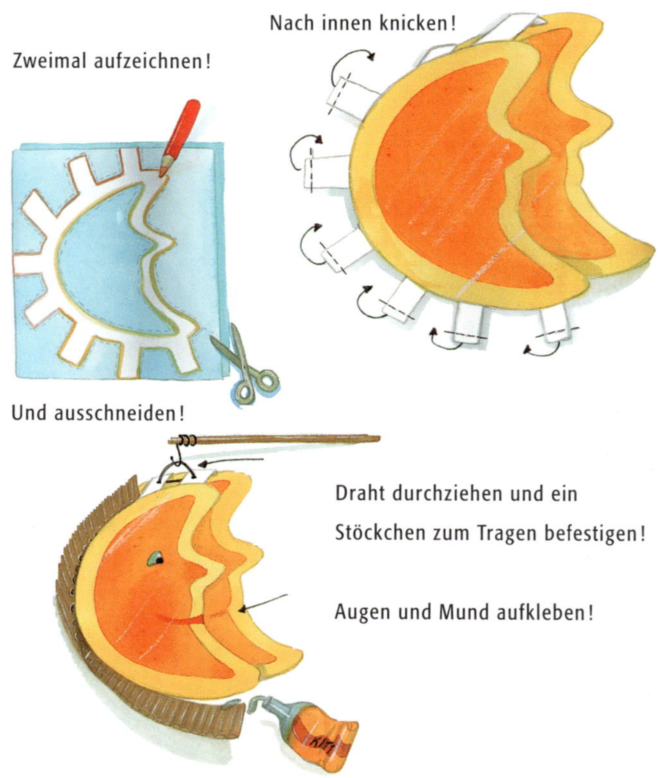

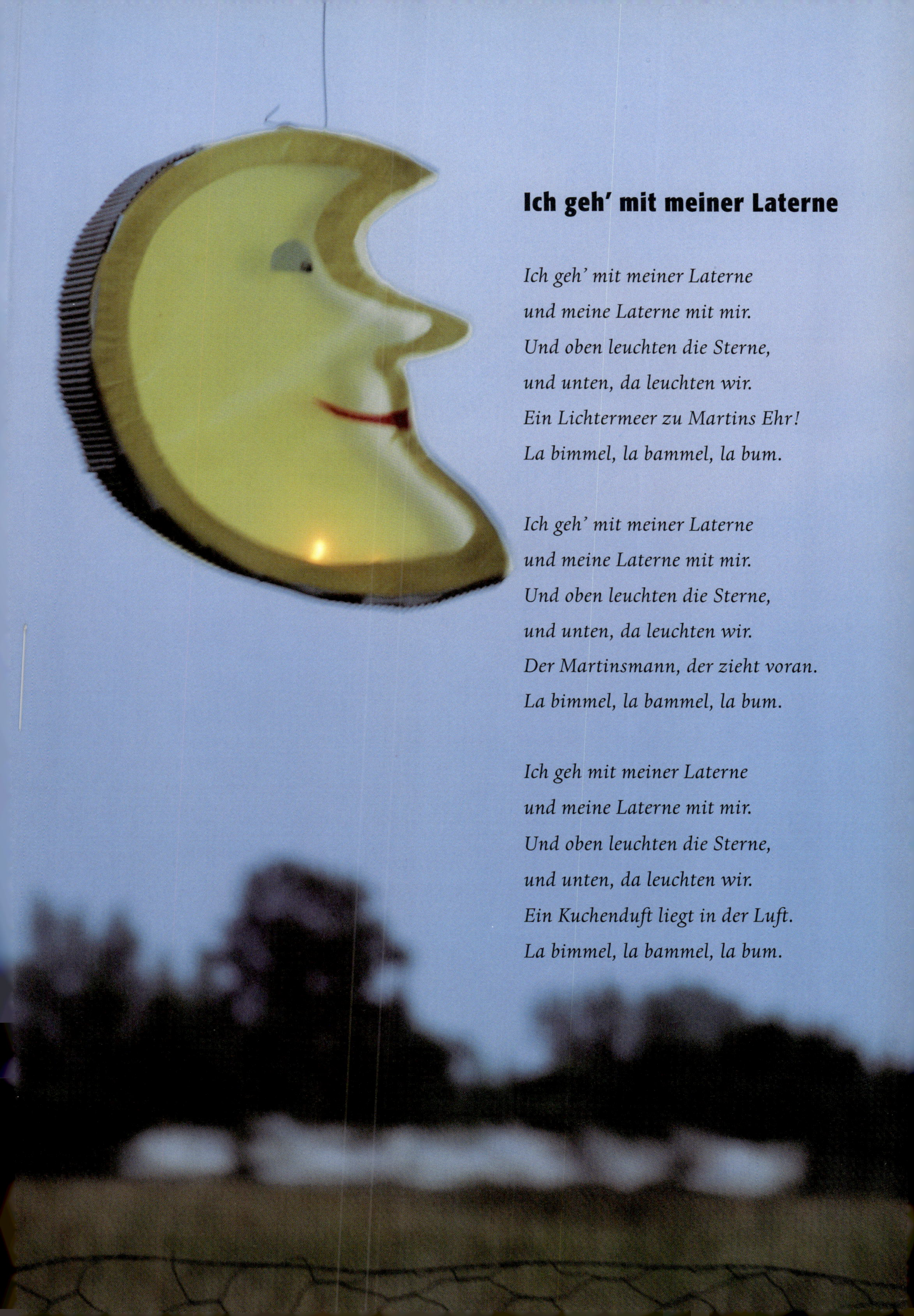

Ich geh' mit meiner Laterne

Ich geh' mit meiner Laterne
und meine Laterne mit mir.
Und oben leuchten die Sterne,
und unten, da leuchten wir.
Ein Lichtermeer zu Martins Ehr!
La bimmel, la bammel, la bum.

Ich geh' mit meiner Laterne
und meine Laterne mit mir.
Und oben leuchten die Sterne,
und unten, da leuchten wir.
Der Martinsmann, der zieht voran.
La bimmel, la bammel, la bum.

Ich geh mit meiner Laterne
und meine Laterne mit mir.
Und oben leuchten die Sterne,
und unten, da leuchten wir.
Ein Kuchenduft liegt in der Luft.
La bimmel, la bammel, la bum.

Eine Gans aus Kleisterpapier

Du brauchst Zeitungspapier, 1 Tüte Kleister, 1 Luftballon, 1 Plastikschale, weiße und gelbe Farbe, 1 Pinsel, Schere, ein paar weiße Federn, und zum Füllen viele kleine Schachteln, und buntes Papier und Bändchen zum Einwickeln.

So wird's gemacht Du rührst den Kleister in einer Plastikschale so an, wie es auf dem Päckchen steht. Den Luftballon aufblasen und verknoten. Das Zeitungspapier in Streifen reißen und dick mit dem Kleister einstreichen. Streifen für Streifen um den Luftballon wickeln. Es müssen ungefähr 4 bis 5 Lagen Papier um den Ballon gewickelt werden. Hals und Kopf aus dick eingekleistertem Papier formen und beide Teile an dem Ballon festkleben. Dann läßt du alles über Nacht trocknen. Ist die Gans trocken, schneidest du oben ein Loch in den Körper. Nun kannst du sie anmalen und später mit den Überraschungspäckchen füllen.

Martinslied

Hier wohnt ein reicher Mann,
der uns viel geben kann,
lange soll er leben,
selig soll er sterben,
das Himmelreich erwerben.

St. Martin

Kennst du die Legende vom heiligen Martin? Man erzählt sich von ihm, er sei, als er noch ein stolzer Soldat war, hoch zu Roß und mitten im eiskalten Winter auf einen halberfrorenen Bettler getroffen. Mit seinem Schwert teilte er seinen Mantel und gab die Hälfte dem Bettler. Später, als er zum Bischof gewählt werden sollte, versteckte er sich aus Bescheidenheit im Gänsestall. Die schnatternden Gänse verrieten ihn und wurden deshalb – so heißt es – geschlachtet und gebraten. St. Martin wurde zum Schutzheiligen der Armen, der Reiter und der Soldaten. An seinem Ehrentag, dem 11. November, braten die Erwachsenen heute noch Martinsgänse, und die Kinder ziehen mit Laternen umher und singen Martinslieder.

Martinsmännchen
(reicht für 4 kleine Männchen)

1 kg Mehl
40 g Hefe
200 g Butter
100 g Zucker
1 TL Salz
1/2 l Milch
1 Ei
Zum Bestreichen: 1 Eigelb
Zum Dekorieren: Rosinen (Augen), Orangeat (Nase und Mund), tönerne Pfeife oder kleinen Zweig (unter den Arm gesteckt).

Aus den angegebenen Zutaten einen Hefeteig, wie auf Seite 25 beschrieben, bereiten. Gut gehen lassen.

So wird der Martinsmann geformt Mit dem Messer ein Stück Teig in der gewünschten Größe abtrennen und mit dem Teigroller in eine ovale Form bringen. Den Kopf durch leichtes Zusammendrücken des Teiges links und rechts markieren. Wer seinem Martinsmann zu einem Hals verhelfen will, dreht den Kopf mit dem »Gesicht« nach hinten. Die Arme und Beine entstehen durch einen Einschnitt links und rechts und in der Mitte unten mit einem spitzen Messer. Arme und Beine durch leichtes Rollen zwischen den Handflächen formen.
Den Martinsmann mit Rosinen (Augen), Orangeat (Mund und Nase) und einem Zweiglein oder einer Pfeife schmücken, noch mal kurz aufgehen lassen, bis zum Backen kühlstellen. Dann mit Eigelb bestreichen und je nach Größe in guter Mittelhitze backen. Kleine Martinsmänner (ca. 15 cm Länge) brauchen etwa 15 Minuten.

Zwei Adventskalender

Beim ersten Kalender hat ein Nikolaus 24 Pakete unter seinem Mantel versteckt, und bei dem anderen sind lauter Schneeflocken mit kleinen Überraschungen gefüllt. Die größte Überraschung gibt es am 24. Dezember, und die ist im Hut vom Schneemann.

Von drauß' vom Walde ...

Du brauchst eine dicke Pappröhre (Versandrolle), feste Pappe, Buntpapier, 1 Rolle rotes Kreppapier, Watte, Farben, Klebstoff, Schere, Pinsel, Nadel und Faden.

Auf die Pappröhre malst du ein Gesicht, an den unteren Teil klebst du Papier.
Klebe die Watte-Haare an, darüber kommt die Mütze aus Kreppapier. Die Arme aus Pappe klebst du hinten an die Röhre.
Aus Kreppapier nähst du den Umhang und schneidest Schlitze hinein, durch die die Arme kommen. Wenn du deinem Weihnachtsmann nun noch 24 kleine Päckchen umhängst, kannst du ihn als Adventskalender benutzen.

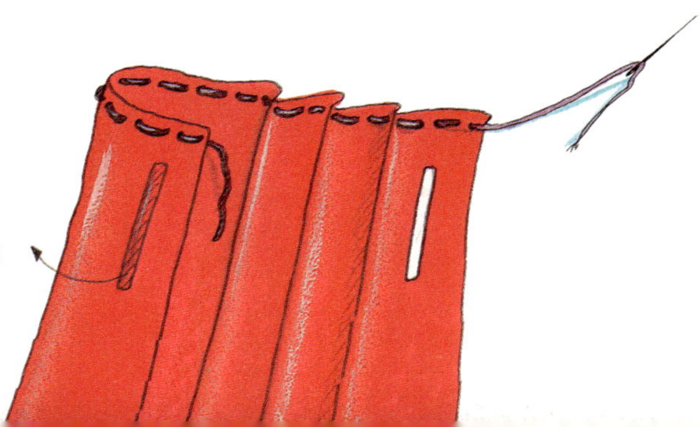

Es schneit süße Flocken

Du brauchst 1 große Pappe, Zeitungspapier, etwas Pappe für den Hut, 1 leere Schachtel, Kleister, Pinsel, Farben, Stöckchen, weißes Seidenpapier, Klebstoff, Schokoladenkugeln, Buntpapier, Faden, Schere.

So wird's gemacht Zuerst das Zeitungspapier zu Kugeln zusammenknüllen. Mit Klebestreifen umwickeln. Dann mit Kleister einpinseln und trocknen lassen. Eine große Pappe anmalen und die Teile aufkleben! Eine Schachtel ist der Hut. Eine Hutkrempe ausschneiden und ankleben! Alles anmalen! Der Schneemann bekommt noch Augen und Mund gemalt und eine Nase aufgeklebt. Schokoladenkugeln sind die Knöpfe. Stöckchen als Arme hineinstecken! Aus dem Seidenpapier Schneeflocken formen und aufkleben. Zum Schluß werden die Süßigkeiten einfach mit Fäden aufgehängt.

Herr Nikolas

Herr Nikolas, Herr Nikolas,
bring mir zum sechsten Dezember was!
Ich stell auch Vaters Schuh vors Fenster,
denn meinen fand ich viel zu klein.
Gelt, Nikolas, du tust was hinein?

Nikolas, Nikolas, huckepack,
schenk uns was aus deinem Sack!
Schütte deine Sachen aus,
gute Kinder sind im Haus!

Nikolas, Nikolas, heiliger Mann,
zieh die großen Stiefel an,
reis' damit nach Spanien,
kauf Äpfel, Nüss', Kastanien!

Heiliger Sankt Nikolas,
bring den kleinen Kindern was.
Die großen, die laß' laufen,
die können sich was kaufen.

Der Nikolaus und sein Rentier

Du brauchst eine große Schachtel, 4 Klorollen, 2 Versandrollen, Buntpapier, Packpapier, Filz und Stoffreste, kleine Schachteln, Watte, Kleister und Schere.

So bastelst du das Rentier In einem kleinen Eimer wird der Kleister angerührt. Dann reißt du das Packpapier in Streifen und beklebst damit die Schachtel, die Klorollen und ein Stück Versandrolle. Alle Teile werden nun zusammengeklebt. Schneide aus festem Papier ein Geweih aus und klebe es fest. Die Ohren sind aus Packpapier.

So bastelst du den Weihnachtsmann
Die zweite Versandrolle wird zu zwei Dritteln mit Filz beklebt. Dann klebe eine Mütze aus Filz an das obere Ende der Rolle, lasse aber ein Stück für das Gesicht frei. Beine und Arme werden aus Filz zugeschnitten und an den Körper geklebt.

Nun kannst du den Nikolaus auf das Rentier setzen und kleine Päckchen hinter ihm festbinden.

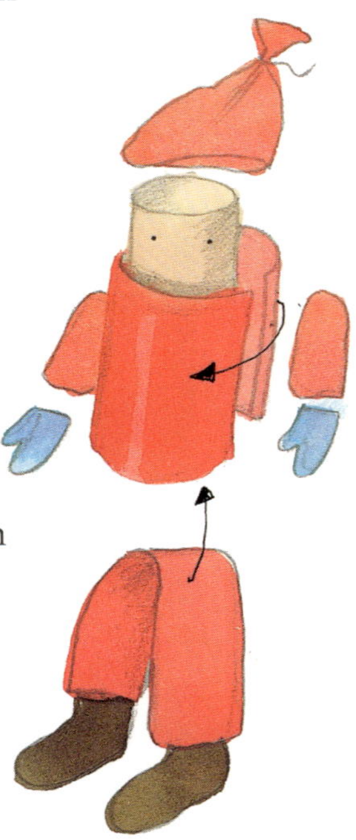

Wenn's schneit

Wenn's schneit, wenn's schneit,
ist Weihnacht nicht mehr weit.
Dann geht der alte Nikolaus
mit seinem Sack von Haus zu Haus.

Wenn's schneit, wenn's schneit,
ist Weihnacht nicht mehr weit.
Dann kann man durch die Straßen gehn
und all die schönen Sachen sehn.

Wenn's schneit, wenn's schneit,
ist Weihnacht nicht mehr weit.
Dann riecht es, ach so wundersam,
nach Äpfeln und nach Marzipan.

Pfefferkuchenhaus

Lebkuchenteig für das Häuschen
350 g Honig
350 g Sirup
150 g Fruchtzucker
200 g Margarine
2 unbehandelte Zitronen (Saft und abgeriebene Schale)
1 TL gemahlene Vanille
2 TL gemahlenen Ingwer
2 TL Nelkenpulver
4 TL Zimt
1 kg Weizenvollkornmehl
2 Backpulver
Backoblaten (für die Fenster)
Zum Verzieren alles, was gefällt und nicht zu schwer ist.

Honig, Sirup, Zucker und Margarine leicht erwärmen und gut verrühren. Dann alle Gewürze dazugeben. Zuletzt das gesiebte Mehl mit dem Backpulver vermischen und mit einem Holzlöffel unterrühren. Den Teig gut mit der Hand kneten und über Nacht im Kühlschrank ruhen lassen.

Leim
375 g Puderzucker
2 Eiweiß

Puderzucker mit dem Eiweiß verrühren, bis zum Gebrauch abdecken.

Schnittmuster für das Hexenhaus
Breitseite des Hauses: 25 x 14 cm
Giebelseiten
und -höhe: 20 x 14 x 27 cm
Hausdach: 27 x 21 cm
Alle Teile aus festem Karton ausschneiden.

So wird gebacken und gebaut Teig in vier große und zwei kleinere Stücke teilen. Portionsweise auf einer bemehlten Arbeitsfläche ausrollen. Das Backblech mit Backpapier auslegen, die ausgerollten Teigstücke nacheinander auflegen, nach dem Schnittmuster zurechtschneiden (Fenster und Tür nicht vergessen) und einzeln auf der mittleren Leiste im Backofen bei 200 Grad etwa 20 Minuten backen. Schneller geht es, wenn man zwei Backbleche benutzen kann. Herausnehmen, mit dem Backpapier auf eine gerade Fläche legen, damit die Teile sich beim Auskühlen nicht verziehen.
Die gut ausgekühlten Hausteile an den Kanten dick mit »Leim« bestreichen und zusammenkleben (eventuell von innen mit Kartonstreifen abstützen). Die Fensterkanten von innen ebenfalls mit »Leim« bestreichen und die Backoblaten als Scheiben aufkleben. Tür außen aufkleben. Dann alle Dachkanten und die Giebelseiten bestreichen und das Dach auf das Haus kleben. Bis der »Leim« getrocknet ist, beide Dachseiten mit Holzstäbchen von unten abstützen. Jetzt wird das Hexenhaus auf ein Tablett gestellt und verziert. Alle Süßigkeiten müssen mit dem Puderzuckerleim angeklebt werden, damit sie auch wirklich halten.

Hänselein (Gretelein)

H. Hoffmann von Fallersleben

2. Zwei Vöglein geb ich dir. O nein! Ich kann nicht tanzen, und gäbst du mir auch vier. In unserm Hause geht das nicht, die kleinen Kinder tanzen nicht, und tanzen kann ich nicht.

3. Ich geig' ein Stückchen dir. O ja! Ich kann schon tanzen, so geig' ein Stückchen mir. In unserm Hause gilt der Brauch, sobald man geiget, tanzt man auch, und tanzen kann ich auch.

So wird gespielt Die Kinder stehen im Kreis und fassen sich an den Händen.
In der Mitte stehen Hänsel und Gretel.
1. und 2. Strophe wird mit verteilten Rollen gesungen.
3. Strophe: Hänsel führt pantomimisch das Geigenspiel vor, und dann tanzt Gretel.
Zur letzten Zeile tanzen alle Kinder paarweise mit.

Pfeffernüsse

3 Eier
250 g flüssiger Honig
Mark von einer Vanilleschote
100 g gemahlene Haselnüsse
325 g Vollkornmehl
1 gestrichener TL Backpulver
1 Päckchen Lebkuchengewürz
25 g feingehacktes Zitronat
Honigguß:
1 EL Honig
1 EL heißes Wasser
1 TL Zitronensaft

Die Engel im Himmel hört man
sich küssen,
die ganze Welt riecht nach
Pfeffernüssen.
Schlaf, Kindchen in den Kißchen!
Äpfel, Pflaumen und Nüßchen,
Zuckerkuchen und Mandelkern
essen kleine Kinder gern.

Eier, Honig und Vanillemark etwa fünf Minuten mit dem Rührquirl des elektrischen Handrührgerätes cremig rühren.
Mehl mit dem Backpulver zu der Masse sieben. Nüsse, Lebkuchengewürz und Zitronat zugeben und gut verkneten. Den Teig $^1/_2$ cm dick auswellen, mit einem Glas oder einem Förmchen runde Plätzchen von 2–3 cm Durchmesser ausstechen und auf ein gefettetes Backblech geben.
Die Pfeffernüsse über Nacht in der warmen Küche trocknen lassen.
Am nächsten Tag auf der mittleren Schiene des auf 175 Grad (Gas Stufe 2) vorgeheizten Backofens etwa 15 Minuten backen.

Für den Honigguß Den Honig mit dem heißen Wasser und eventuell noch wenig Zitronensaft verrühren und auf die abgekühlten Pfeffernüsse streichen.

Wir basteln für Weihnachten

Filtertüten-Engel

Du brauchst weiße Filtertüten, rosa Wattekügelchen, weiße Papierservietten, Tortendeckchen, Klebstoff, Papier, etwas Goldfolie, Nadel und Faden und für die Haare Watte, Wolle oder Engelshaar.

1. Die Filtertüte oben mit einem Faden zusammenziehen und die Wattekugel gleich mit annähen.
2. Die Serviette so wie auf der Zeichnung falten, in der Mitte zusammenkleben und an den äußeren Rändern breit auseinanderziehen.
3. Arme und Beine aus Papierstreifen aufrollen und an der Filtertüte festkleben.

Hexentreppen-Hampel

Du brauchst buntes Papier, Goldfolie, altes Geschenkpapier, Federn, Wattekugeln, Klebstoff, Nadel und Faden.

1. Lange Papierstreifen so wie hier auf der Zeichnung übereinanderfalten, dann entsteht eine Hexentreppe. So machst du für jede Figur eine große Hexentreppe und vier kleine, das werden Arme und Beine.
2. An der großen Hexentreppe klebst du Arme und Beine fest. Aus einem langen Papierstreifen kannst du noch einen Hut falten.
3. Der Wattekugelkopf wird an der großen Hexentreppe festgenäht. Du kannst diese Figuren später in den Christbaum hängen.

Wäscheklammer-Engel

Du brauchst
Holzwäscheklammern mit Köpfen (aus dem Bastelgeschäft), schwarzen und roten Filzstift, weißes und blaues Kreppapier, Goldpapier, Klebstoff, Nadel und Faden, etwas Engelshaar.

1. Der Klammerkopf bekommt ein Gesicht, auf die beiden Klammerenden werden Schuhe gemalt.
2. Aus Kreppapier schneidest du die Kleider aus und ziehst oben einen Faden durch, damit du sie kräuseln kannst.
3. Die Flügel werden aus Goldpapier ausgeschnitten.
4. Nun ziehst du deinen Wäscheklammer-Engeln die Kleider an und klebst hinten die Flügel auf.
Du kannst sie auf einer Wäscheleine schweben lassen oder mit ihnen den Christbaum schmücken.

1.

Gesicht aufmalen und Haare ankleben. Mit Filzstift rote Schuhe aufmalen.

2.

Mit Klebstoff bestreichen!

3.

4.

Nuß-Spiele

Nüssewerfen Auf dem Boden werden in einiger Entfernung Eierkartons aufgestellt. Die Kinder müssen nun versuchen, mit den Nüssen in die Vertiefungen zu zielen. Wer schafft es, einen ganzen Karton zu füllen oder ein Muster zu werfen? Als Variante dieses Spiels können mehrere Kinder versuchen, die von einem geworfene Nuß mit ihrem Eierkarton aufzufangen. Wer fängt die meisten Nüsse? Schwierig wird es, wenn man die bereits gefangenen Nüsse in der Pappe behält und darauf achten muß, daß diese beim nächsten Fangen nicht herausfallen.

Überraschungsnüsse Mit einem Messer kann man Walnüsse an ihren runden Enden öffnen, so daß die Schalen heil bleiben. In die leeren Nußhälften steckt ihr kleine Zettel. Dann klebt ihr die Hälften zusammen.

Nußschiffchen Einen Zahnstocher in Knete stecken und in der Nußschale festkleben. Die Nußschiffchen könnt ihr zusammen mit ein paar Teelichtern in einer Schüssel mit Wasser schwimmen lassen.

Eichhörnchen Jedes Kind bekommt sechs Nüsse. Mit einer Schnur wird ein kleiner Kreis auf den Boden gelegt, mit einer zweiten Schnur etwa in Armeslänge um den kleinen herum ein zweiter größerer Kreis. Jedes Kind legt zwei Nüsse in den kleinen Kreis. Nun stellen sich alle rings um den großen Kreis auf, und abwechselnd wird versucht, mit gerade ausgestrecktem Arm eine Nuß aus dem Vorrat so geschickt in den kleinen Kreis zu werfen, daß sie liegenbleibt. Jede Nuß, die herausrollt, ist verloren. Zuletzt alle Nüsse aus dem kleinen Kreis knacken und gemeinsam aufessen. Die verlorenen Nüsse fürs nächste Spiel aufheben!

Christbaumschmuck

Du brauchst Pappmaché (gibt es in Tüten im Bastelgeschäft), Eimer, Holzstock, Farben zum Bemalen, Goldfolie, Buntpapier, Klebstoff, Schere.

Und so wird's gemacht
In einem Eimer Pappmaché mit Wasser anrühren. Aus dieser Knetmasse kannst du Sonne, Mond, Vögel… formen.
In die getrockneten und bemalten Figuren bohrst du ein Loch, ziehst einen Faden hindurch und hängst sie am Christbaum auf.

An Weihnacht ist geboren ein Kind

Elisabeth Zöller

An Weihnacht ist geboren ein Kind:
Dein Sohn.
Wir feiern seinen Geburtstag:
Ich freue mich schon.
Am liebsten würd ich so zu ihm gehen,
mit ihm spielen,
Quatsch machen, Bilder ansehen,
zur Krippe laufen mit Tanne und Stern.
Lieber Gott, ich hab' Weihnachten gern.
...Und was ich an Weihnacht
besonders gut find':
der Jesus war ein richtiges Kind.
Ja, er war ein Kind wie ich
träumend, lachend, lümmelig...

Wir Tierlein in dem Stalle

Rudolf Otto Wiemer

Wir Tierlein in dem Stalle,
wir sind heut' alle froh.
Wir woll'n das Kindlein sehen,
ganz nah zum Kripplein gehen,
und ruscheln und rascheln,
und ruscheln
und rascheln und rascheln im Stroh.

Wir Tierlein in dem Stalle,
uns brennt ein großes Licht.
Wir woll'n das Kindlein grüßen
von Wind und Wald und Wiesen,
doch tatzen und kratzen und tatzen
und kratzen und kratzen wir nicht.

Wir Tierlein in dem Stalle,
wir komm'n aus Nacht und Eis.
Wir woll'n das Kind anbeten,
ganz nah zum Kripplein treten
und murren und knurren
und murren
und knurren und knurren nur leis.

Krippenfiguren

Du brauchst Knete in verschiedenen Farben, festes Papier, Kreppapier, Folie, Goldpapier, Nadel und Faden, Schere, Klebstoff, Wollfäden, Watte.

Aus der Knete formst du Köpfe für Maria, Josef, 3 Könige, 2 Hirten, Engel, Christkind, 2 Schafe, Esel.
Jeder Kopf wird auf eine kleine Papierrolle geklebt.
Du kannst aus Papier auch Arme rollen und ankleben.
Du schneidest Kreppapier zurecht, ziehst oben einen Faden durch und bindest das Kreppapierkleid unter dem Kopf fest. Dann bastelst du noch kleine Hüte, einen Umhang, Kronen aus Goldpapier und klebst alles an den Figuren fest. Mit Watte bekleben!

Schnee

Christa Wißkirchen

Was kommt da heimlich und leise?
Heimlich und leise kommt der Schnee.
Schnee, Schnee, schöner weißer Schnee,
fällst auf die Dächer in tausend Flocken,
ich hab' dich gern.

Eine Schneestadt

Du brauchst frischen Schnee, Förmchen für den Sandkasten oder leere Joghurtbecher und eine kalte Nacht.

Du füllst den Schnee in die Förmchen und stülpst sie dann auf eine Balkonbrüstung, so daß eine Stadt entsteht. Du kannst die Stadt noch mit kleinen Fähnchen schmücken. Wenn es nachts friert, dann hält deine Stadt eine Weile.

Die Felder weiß,

auf Flüssen Eis.

Es weht der Wind.

Wann ist das, Kind?

Der Winter ist schön.
Die Luft ist frostig.
Die kahlen Äste der Bäume
und Sträucher knacken im Wind.
Die Vögel plustern sich auf wie
kleine Wattebäuschchen.
Dicke Schneeflocken segeln
vom Himmel.
Der See friert zu.
Die Nasen werden rot.
Wir ziehen unsere warmen Sachen
an und gehen rodeln.
Es wird früh dunkel.
Zu Hause ist es warm und gemütlich.
Wir lauschen Geschichten von Wichteln
und Schneeköniginnen.
Aus der Küche duftet es nach heißem
Kakao und Plätzchen.
Bald ist Weihnachten.
Der Winter ist schön und voller
Geheimnisse.

Hampel-Schneemann

Du brauchst 1 großen, festen Pappkarton, Plakafarben, Watte, farbiges Papier, Klebstoff, Briefklammern, Schnur, 1 Holzperle, Messer, Schere und Pinsel.

Aus dem Karton schneidest du Kopf, Bauch, Arme, Beine und Stiefel aus. Dann malst du alle Körperteile weiß, die Stiefel bunt an.
Die weißen Flächen beklebst du mit Watte.
Arme, Beine und der Kopf werden mit Briefklammern am Bauch befestigt. Die Schnur bindest du so fest, wie du es auf der Zeichnung siehst.
Aus farbigem Papier bekommt der Schneemann eine Nase, seine Augen sind aus schwarzem Papier. Für die Mütze kannst du ein Stück altes Geschenkpapier nehmen.

Was ist das?

Hat ein weißes Röckchen an,
freut sich, daß es fliegen kann.
Fängst du's mit den Händen ein,
wird es bald geschmolzen sein.
(Die Schneeflocke)

Spannelang
hängt unterm Dache an der Wand:
die Sonne scheint,
Blitzblank weint.
Kind, lauf hin, halt deine Hand
unter Blitzblank, sie wird naß.
Rate nun, was ist wohl das?
(Eiszapfen)

Du liebe Zeit!
Es schneit, es schneit!
Die Flocken fliegen
und bleiben liegen.
Ach bitte sehr:
noch mehr, noch mehr!

Es schneit, hurra, es schneit!
Schneeflocken weit und breit!
Ein lustiges Gewimmel
kommt aus dem grauen Himmel.

Was ist das für ein Leben!
Sie tanzen und sie schweben.
Sie jagen sich und fliegen,
der Wind bläst vor Vergnügen.

Und nach der langen Reise,
da setzen sie sich leise
aufs Dach und auf die Straße
und frech dir auf die Nase.

Tanzender Eisbär

Du brauchst blaues Tonpapier, festes weißes Papier, etwas Buntpapier, Watte, Klebstoff, Nadel und Faden.

Aus dem blauen Tonpapier schneidest du eine Spirale aus, so wie du es auf der Zeichnung siehst. Dann schneidest du aus weißem Papier einen Eisbären aus. Du kannst ihn auf beiden Seiten mit Watte bekleben und dann Handschuhe, Mütze und Stiefel aus Buntpapier aufkleben.

Den Fuß des Eisbären klebst du nun an der Spirale fest (auf der Zeichnung siehst du, an welcher Stelle).
Wenn du einen Faden am Kopf des Bären befestigt hast, kannst du ihn über der Heizung aufhängen. Durch die aufsteigende Wärme fängt er an zu tanzen!

Möchtest du, daß er im Schneesturm tanzt? Dann befestige noch Watteschneeflocken am Rand der Spirale!

Die Schneeflocken wirbeln so lustig.
Die Tanzmusik liefert der Wind.
Und ich dreh mich im Kreise,
auf dem Eise.
Frau Tänzerin, komm geschwind!

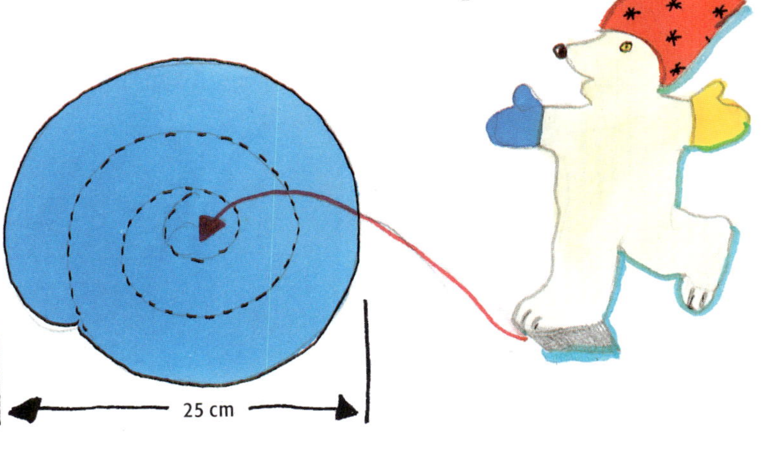

In Eis und Schnee

Text und Melodie aus England

2. Des Morgens purzelt er zum Bett hinaus,
mit Hund und Schlitten fährt er schnell mal aus dem Haus.
Er jagt übers Eis, und er ist so froh!
Der nette kleine, pelzbedeckte Eskimo!

So wird gespielt

1. Ein Kind ist der Eskimo, ein zweites der Hund. Die anderen Kinder fassen sich an den Händen an, bilden einen Kreis und nehmen den Eskimo in die Mitte. Langsam laufen sie um ihn herum.

2. Der Hund zieht den Eskimo aus dem Kreis heraus. Beide laufen außen herum, bis das Lied aus ist. Dann werden die Rollen getauscht.

Eis-Segler

Du brauchst Sperrholzreste, Laubsäge, Plakafarben, Holzleim, Flaschenkorken, Wattekugeln, etwas Buntpapier, Schere und Klebstoff.

1. Ein rechteckiges Stück Sperrholz diagonal durchsägen.
2. Nochmal sägen!
3. Die Dreiecke so aneinanderkleben und anmalen.
4. Die Männchen aus Korken und einer Wattekugel basteln. Mit Buntpapier umwickeln.

Und so kannst du mit den Eis-Seglern spielen Auf einem zugefrorenen Teich stellst du dich mit deinen Freunden hinter einer Startlinie auf. Und auf ein Zeichen laßt ihr eure Segler lossausen. Wer segelt am weitesten?

Die Jahresuhr

Diese Uhr für Frühling, Sommer, Herbst und Winter kannst du ganz leicht basteln, aufhängen und zu jeder Jahreszeit den Zeiger verstellen.

Du brauchst festen Karton, ca. 30 x 30 cm, Schere, Papiermesser, Farben und Pinsel, 1 Suppenteller, 1 Briefklammer, Stift, Schere.

So wird's gemacht Zuerst legst du den Suppenteller auf den Karton und umfährst ihn mit einem Stift. Diese kreisrunde Form schneidest du aus und unterteilst sie in 4 Felder. In diese Felder malst du Motive für Frühling, Sommer, Herbst und Winter. Aus dem restlichen Karton schneidest du einen Zeiger aus und bemalst ihn ebenfalls. Wenn alles getrocknet ist, piekst du den Zeiger mit der Briefklammer an der Uhr fest.

Glückwunsch im Januar

Geburtstagskind im Januar,
ich gratuliere dir.
Sag mir schnell, wie alt du wirst,
ich wünsch dir was dafür.

*Fünf*mal Glück und fünfmal Segen,*
fünfmal Sonne, fünfmal Regen,
fünf Radieschen und fünf Rosen,
fünf karierte Unterhosen.
Und am Ende sag ich noch:
Leben sollst du fünfmal hoch!

* Hier das Alter des Kindes einsetzen.

Kleine Geschenke für jede Jahreszeit

Jeweils für Kinder, die im Frühling, Sommer, Herbst und Winter Geburtstag haben, sind diese vier Geschenke gedacht. Jedes Geschenk besteht aus einer Käseschachtel, die mit kleinen Dingen wie Radiergummis, Bonbons, Bällen… gefüllt werden kann!
Frühlingskinder bekommen den Käfer, Sommerkinder die Blume, Herbstkinder den Drachen und Winterkinder den Wichtel.

Du brauchst leere runde Käseschachteln, Tonkarton, Watte, Perlen, Farben zum Bemalen, Klebstoff, Briefklammern, Schere.

Käfer Die Käseschachtel wird dunkel bemalt. Aus Tonkarton zwei Flügel ausschneiden, die mit Briefklammern am Deckel befestigt werden.

Drache Auf Karton einen Drachen aufmalen, ausschneiden und die Käseschachtel als dicken Bauch aufkleben.

Blume Der Käseschachtel ein Gesicht aufmalen, aus Tonkarton Blütenblätter ausreißen und ankleben. Einen langen grünen Stiel aus Karton nicht vergessen.

Wichtel Arme, Beine und Mütze ausschneiden und an der Schachtel festkleben. Der Käseschachtel ein Gesicht aufmalen, Bart ankleben, fertig!

Wollhaar

Ohren aus Papier ankleben

Zauberhut aus festem Papier

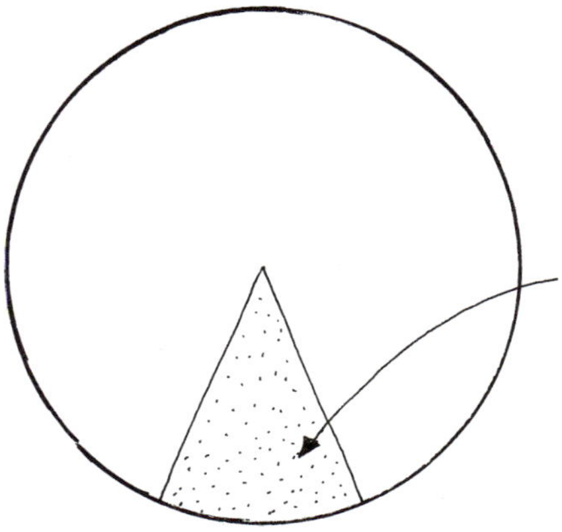

Aus Papierkreisen kannst du verschiedene Masken basteln. Der gepunktete Teil wird ausgeschnitten, dann werden die Kanten zusammengeklebt.

Wie willst du mal zum Fasching gehen?

Als Maus, als Löwe, als Elefant? Ein Frosch ist ja auch nicht schlecht.
Dann mußt du nur noch Quaken üben.

Du brauchst festen Karton, Klebstoff, etwas Wolle, Pappe, Farben, Filz (für den Frosch!), und eine Schere.

Karton-Elefant

Rüssel
aus leeren
Klorollen

Loch für
den Kopf hinein-
schneiden

Filz-Frosch

Filz-Füße

Der Frosch wird aus Filz
oder grünem Stoff genäht.
Die Füße auch.
Man kann ihn aber auch
aus Papier machen.

Krone nicht vergessen!

Karton-Kopf Aus Kartons lassen sich viele verschiedene Masken bauen. Für kleine oder große Köpfe, je nachdem, wie du gern aussehen möchtest. Du bemalst den Karton, klebst eine Nase an oder Haare aus Papierschlangen. Dann hängst du dir einen Umhang um und setzt den Kopf auf.

Karl Kleisterkopf Mit diesem Kopf erkennt dich keiner, aber du kannst durch den Mund des Riesenkopfes alles sehen.

So wird er gebastelt Du rührst Kleister an und knüllst viele alte Zeitungsblätter zu einem Riesenknäuel zusammen. Dann streichst du Zeitungspapierstreifen dick mit Kleister ein und wickelst sie um das Knäuel.
Du formst aus eingekleistertem Papier Ohren und einen Schnurrbart und klebst alles am Kopf fest. Nun muß der Kopf 2 Tage trocknen, bevor du ihn unten aufschneiden kannst.
Du ziehst das lose Zeitungspapier heraus, schneidest eine Öffnung für den Mund in den Kopf, malst ihn an und klebst zum Schluß Haare an.

Königskrone

Du brauchst Wellpappe, weißes Krepppapier, Goldspray ohne Treibgas, Perlen, Stecknadeln, 1 Büroklammer, Klebstoff, schwarzer Filzstift, Nadel und Faden.

Mit einem Faden mißt du deinen Kopfumfang.
Aus Wellpappe schneidest du die Krone zurecht. Der Streifen muß etwa 2 Zentimeter länger sein als der Faden.
Dann schließt du die Krone zu einem Kreis und klebst die Kanten 2 Zentimeter übereinander. Eine Büroklammer hält es zusammen, bis der Klebstoff trocken ist. Nun kannst du die Krone mit Goldspray besprühen und Perlen darauf festkleben.
Für den Königsmantel bemalst du weißes Kreppapier mit schwarzen Punkten und ziehst einen Faden hindurch.

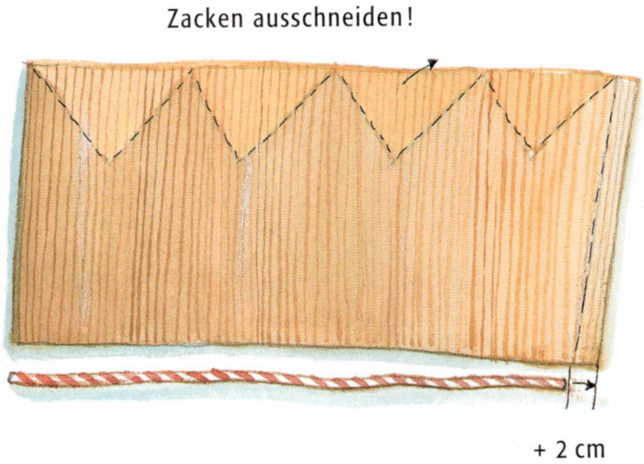

Instrumente für den Faschingsumzug

Aus Küchengeräten, leeren Schachteln und Dosen kannst du dir wunderschöne Instrumente für einen Faschingsumzug basteln.

Siebrassel
Dieses Küchensieb ist mit Murmeln gefüllt, die machen herrlichen Krach. Aus Tonpapier kannst du noch einen Kopf ausschneiden und aus Kreppapier einen schönen bunten Schwanz ankleben.

Käseschachtel-Bongo Die leere runde Käseschachtel mußt du zuerst bemalen. Mit Nadel und Faden befestigst du am Rand der Schachtel Perlen, die an den Fäden lang herunterhängen. Mitten durch die Schachtel wird ein langer Stock geschoben und festgeklebt. Wenn alles getrocknet ist, schleuderst du den Stab in der Hand hin und her.

Papprollen-Trommel Eine große runde Pappröhre kannst du bemalen und dann mit Folie überziehen. Aus Holzstäbchen und Wattekugeln kannst du Trommelschlegel basteln. Dann kann der Umzug beginnen.

Das Immer-länger-Klatschgedicht

Christa Wißkirchen

*	*Auf dem Berg*
=	*pam, pam*
**	*sitzt ein kleiner Zwerg*
=	*pam, pam*
***	*hat ein Glöckchen in der Hand*
=	*pam, pam*
****	*läutet lustig übers ganze Land*
=	*pam, pam*

*	*Eine Maus*
=	*pam, pam*
**	*kommt in unser Haus*
=	*pam, pam*
***	*sucht den Teller mit dem Speck*
=	*pam, pam,*
****	*frißt ihn auf und rennt dann wieder weg*
=	*pam, pam*

=	*auf die Knie klopfen*
*	*in die Hände klatschen*

Solche Tischkarten kannst
du dir für deine
Kaffee-Gesellschaft
basteln.

Inge, die große,
fiel in die Soße,
brach sich die Beine,
dann war sie die kleine!

Herr Meier
legt Eier,
brütet sie aus,
kommen lauter kleine Meierleins raus!

Eine seltsame Kaffee-Gesellschaft

Heinrich Hoffmann

Die Witwe Frau von Gänseschwein,
Die lud sich die Gesellschaft ein,
Die neulich auf dem Forsthaus war
Bei einem Kaffee wunderbar.
Es sitzen da an einem Tisch:
Herr Fischent und Frau Entenfisch,
Herr Hahnenhund, Frau Schnauzerhuhn,
Die wollen sich recht gütlich tun,
Dazu kommt noch Frau Schlangenspatz,
Mit ihrem Freund Herrn Ratzenkatz.
Sie trinken viele Tassen leer,
Es schmeckt der gute Kuchen sehr.
Dann lecken sie die Teller rein
Und putzen sich die Mäuler fein,
Sie grüßen sich und sagen:
Auf Wiedersehen in acht Tagen!

Fingerfarben und Faschingsschminke selbermachen

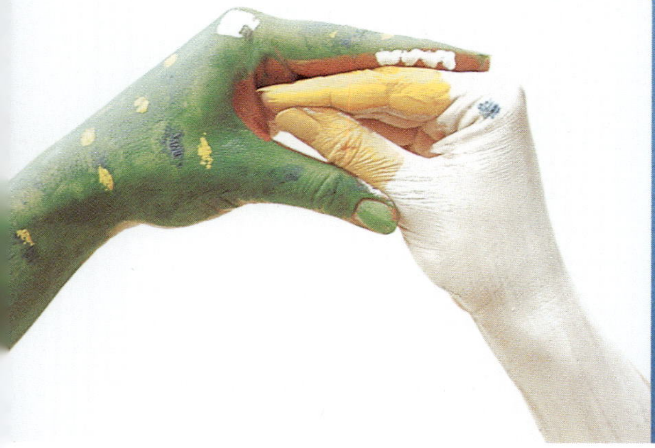

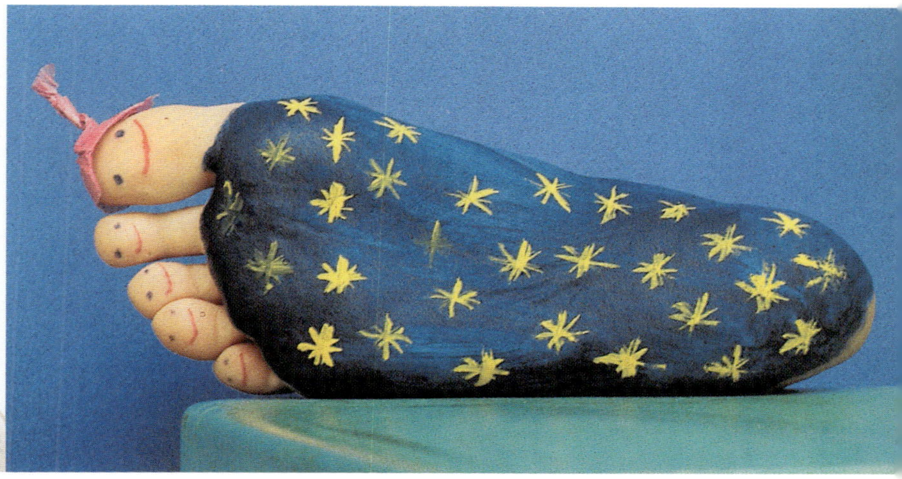

Pro Portion 5 g Zelluloseleim mit einem 1/4 l Wasser anrühren und 15 Minuten quellen lassen. Unterdessen 100 g ungiftiges Farbpigment (aus der Drogerie) mit wenig Wasser zu einem Teig anrühren und dünn mit dem gequollenen Leim verrühren.
Den Leim dickflüssiger oder dünner ansetzen, je nach gewünschter Verwendung als Finger- oder Malfarben. Zur Schminke die Farbpigmente noch mit Fettcreme vermischen, und zum Abschminken ebenfalls Fettcreme und Papiertaschentücher verwenden.

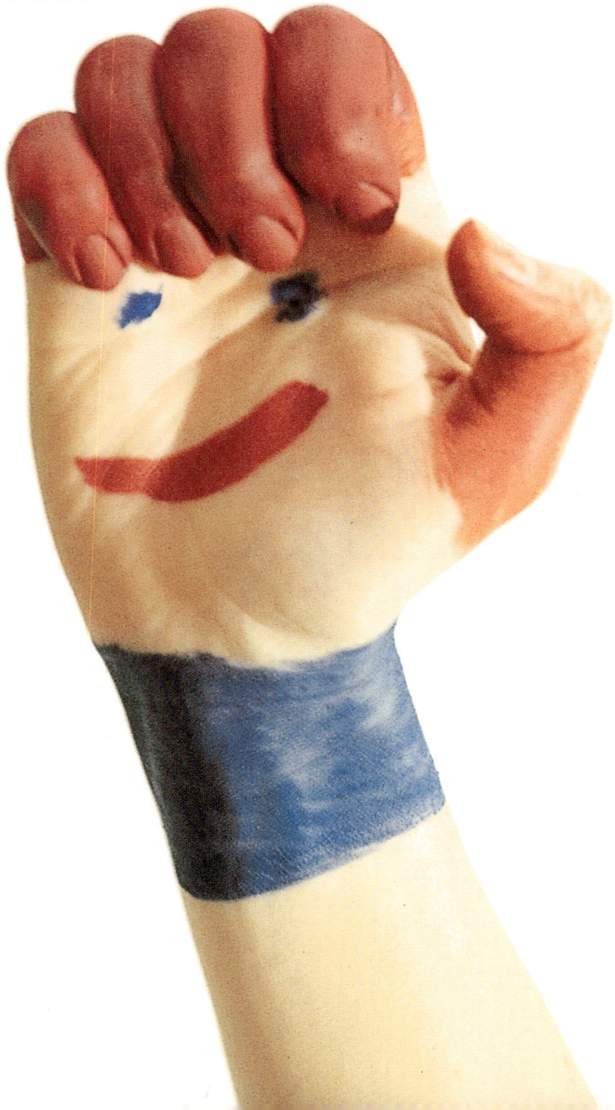

1 l Pfefferminztee
Honig
1 Zitrone
1 Banane
2 Äpfel
1 Flasche Mineralwasser
1 Eßlöffel Waldmeistersirup

Faschings-Getränk

Zuerst kochst du den Pfefferminztee, süßt ihn mit Honig und stellst ihn kalt.
Dann schälst du die Äpfel und die Banane, schneidest alles in kleine Stücke und füllst sie in einen großen Topf.
Du preßt die Zitrone aus und gießt den Saft über die Apfel- und Bananenstückchen.
Zum Schluß gießt du den Tee, den Waldmeistersirup und das Mineralwasser in den Topf und stellst ihn zwei Stunden in den Kühlschrank.

Prinz Achmed kommt

Du brauchst 1 leere Küchenrolle, 2 lange Holzstäbe, Woll- und Stoffreste, etwas Karton, Perlen, Buntpapier, Klebstoff und eine Schere.

Zuerst klebst du einen langen Holzstab in die Küchenrolle. Aus Buntpapier schneidest du eine Hand aus und klebst sie an den anderen Stab. Wenn der Klebstoff getrocknet ist, wird die Küchenrolle verkleidet. Um den oberen Teil der Rolle klebst du rosafarbenes Buntpapier als Gesicht.
An den Rand werden Wollfäden als Haare geklebt. Obendrauf kommt ein Turban, der aus Stoffresten geknotet wird.
Unter dem Kopf klebst du lange Stoffteile an. Die Hand wird in einem doppelt gelegten Stück Stoff befestigt. Der Prinz wird noch mit Perlen geschmückt, und dann kannst du mit ihm Theater spielen.

Register

Basteln, Spielen und Entdecken

Gedichte und Verse

Kochen und Backen

Rätsel

Lieder

Quellennachweis

Gelberg, Hans-Joachim; Überall und neben Dir, daraus: Spatzensalat. Verlag Beltz & Gelberg, Weinheim und Basel 1972
Guggenmos, Josef; Was denkt die Maus am Donnerstag, daraus: Die Tulpe. Georg Bitter Verlag, Recklinghausen 1967
Humperdinck, Engelbert; Sang und Klang fürs Kinderherz, daraus: Käferlied. Verlagsgruppe Klinkhardt & Biermann, München 1994
Krüss, James; Der wohltemperierte Leierkasten, daraus: Blumenherren und Blumendamen. Bertelsmann Verlag, München 1989
Trautwein, Gisela; Alte Kreisspiele neu entdeckt II, daraus: Meine Mühle, die braucht Wind. Herder Verlag, Freiburg 1995
Walter, Ilse; Das Jahreszeiten-Reimebuch, daraus: Der Wind und Schlechtes Wetter. Verlag Kerle, Wien 1992
Zöller/Wittkamp; Mein kleines Buch von mir und Gott, daraus: An Weihnachten ist geboren ein Kind. Bernward Verlag, Hildesheim 1989

Wir danken folgenden Autoren für die Abdruckgenehmigung ihrer Texte: Christa Wißkirchen, Bruno Horst Bull.
Wir haben uns bemüht, alle Rechteinhaber ausfindig zu machen. Sollten wir eine Quelle nicht genannt haben, bitten wir die entsprechende Person, sich mit uns in Verbindung zu setzen.

Die Deutsche Bibliothek – CIP-Einheitsaufnahme
Mein Kindergartenjahr / Sabine Lohf ; Sibylle Sailer. – Ravensburg : Ravensburger Buchverlag, 1996
ISBN 3-473-41086-1

Umschlagfoto: Sabine Lohf
Redaktion: Elke Dannecker
Buchherstellung: Ohmayer GmbH, Typografie Grafik Produktion, Zürich

Printed in Italy
3 2 1 98 97 96 ISBN 3-473-41086-1

Ravensburger®

Und noch mehr zum Selbermachen ...

Hermann Krekeler/
Marlies Rieper-Bastian
Spannende Experimente
Spannende Experimente für Kinder mit verblüffenden Ergebnissen. Zum Schauen, Staunen und Selbermachen.
ISBN 3-473-**37472**-5

Hermann Krekeler/
Marlies Rieper-Bastian
Experimente – einfach verblüffend!
22 verblüffende Experimente mit einfachen Dingen, die es im Haushalt gibt oder ganz leicht zu beschaffen sind.
ISBN 3-473-**37424**-5

Martin Michalski/Doris Rübel
Zaubergeheimnisse für Kinder
Mit diesen tollen Zaubertricks bringen kleine Zauberer ihre Zuschauer zum Staunen.
ISBN 3-473-**37476**-8

Almuth Bartl/Doris Rübel
Regenwetter-Spiele
Mit diesem Buch, voll mit lustigen Spielideen, spannenden Experimenten und Interessantem zum Thema Regen, wird der nächste Regentag zum „Spaßtag“!
ISBN 3-473-**37429**-6

Ravensburger Spieljahr
Spielideen für ein ganzes Jahr: Spielen, Experimentieren, Singen, Tanzen, Kochen, Backen und Zaubern.
ISBN 3-473-**47081**-0

Hajo Bücken/Ines Radionow/
Cornelia Funke-Frahm
Kinder feiern Feste
12 Feste für Kinder von 4 bis 9 Jahren. Alle unter einem besonderen Motto und fix und fertig zum Nachfeiern mit Einladung, Essensvorschlägen, Dekorationsideen und Spielen.
ISBN 3-473-**41091**-8

® Ravensburger